NOUVELLE GÉOGRAPHIE

RÉDIGÉE
CONFORMÉMENT AU PROGRAMME DES ÉCOLES PRIMAIRES
DU DÉPARTEMENT DE LA SEINE

N° 1

NOTIONS DE GÉOGRAPHIE GÉNÉRALE
(COURS ÉLÉMENTAIRE DE L'ENSEIGNEMENT PRIMAIRE)

PAR

E. CORTAMBERT
Ancien Président de la Commission centrale de la Société de géographie
Bibliothécaire de la Section géographique
de la Bibliothèque nationale

PARIS
LIBRAIRIE HACHETTE ET Cie
79, BOULEVARD SAINT-GERMAIN, 79

1876

NOUVELLE

GÉOGRAPHIE

RÉDIGÉE

CONFORMÉMENT AU PROGRAMME DES ÉCOLES PRIMAIRES
DU DÉPARTEMENT DE LA SEINE

N° 1

NOTIONS DE GÉOGRAPHIE GÉNÉRALE
(COURS ÉLÉMENTAIRE DE L'ENSEIGNEMENT PRIMAIRE)

PAR

E. CORTAMBERT

Ancien Président de la Commission centrale de la Société de géographie
Bibliothécaire de la Section géographique
de la Bibliothèque nationale

PARIS
LIBRAIRIE HACHETTE ET Cie
79, BOULEVARD SAINT-GERMAIN, 79

1876

PRÉFACE

Dans ce petit livre, certaines parties seront simplement lues par les enfants, qui pourront par cette lecture, s'introduire peu à peu dans la science au moyen d'une rédaction destinée à plaire; d'autres parties seront apprises rigoureusement par eux comme une leçon nécessaire.

On a nettement distingué les chapitres qui forment l'objet d'une *lecture*, et ceux qui deviennent une *leçon*. Nous donnons la liste de ces leçons, à la Table des matières, page 4; c'est là le résumé de ce que les élèves doivent savoir exactement.

On ne peut trop recommander, comme le plus important des exercices géographiques, le dessin au tableau. Si le professeur n'expose son sujet que du haut de sa chaire, il ne laissera que du vague et du vide dans l'esprit de ses auditeurs, parce qu'ils n'auront pas sous les yeux la forme des pays, la position des lieux. S'il développe sa leçon sur une grande carte, cela vaut mieux sans doute; mais l'œil de l'élève, frappé de l'ensemble du dessin, ou distrait par la multiplicité des noms et des détails graphiques, ne suit pas avec assez de facilité et d'unité l'objet de l'explication.

C'est donc à mes yeux une condition première et indispensable que le professeur fasse lui-même sa carte sur le tableau noir; qu'il crée immédiatement les détails qu'il veut faire connaître; qu'il multiplie à son gré toutes les figures dont il a besoin pour le développement de sa pensée; les élèves suivent alors avec intérêt ces formes qui naissent sous leurs yeux; tout s'éclaircit et s'épure devant leur intelligence agréablement éveillée; les contours des pays, les montagnes, les eaux, les divisions politiques, les lieux divers, tout se place peu à peu, tout se déploie progressivement sur ce paysage géographique ; on va logiquement du simple au composé.

Des esprits timides objecteront peut-être que ce dessin est difficile, qu'il faut des études longues et pénibles pour apprendre toutes ces formes, tous ces détails graphiques. C'est beaucoup moins difficile qu'on ne le pense. Seulement il faut le faire avec mesure et progression, commencer par des linéaments très rudimentaires, et n'augmenter que peu à peu les notions.

Les élèves devront dessiner eux-mêmes au tableau comme ils l'auront vu faire au maître. Il est utile aussi de leur donner à rédiger, dans de petits albums tenus avec soin, des cartes dont chacune doit être l'expression de la leçon donnée par le professeur ; non pas des cartes dessinées avec un talent minutieux, non pas de ces petits chefs-d'œuvre qui prennent trop de temps, mais des croquis bien compris, quoique rapidement faits, et surtout non calqués. Il conviendra d'y joindre, quand les élèves seront un peu plus avancés, des tableaux qui disent ce que ne peut dire la carte, c'est-à-dire qui présentent, dans plusieurs colonnes, les productions, le climat, l'aspect agréable ou triste du pays, les monuments, les événements les mœurs, l'industrie, etc.

C'est ainsi qu'on préparera fructueusement la jeunesse de nos écoles primaires à s'initier à la connaissance du globe, et qu'on lui fera aimer cette belle étude de la géographie, dont elle appréciera de bonne heure l'importance et l'immense utilité.

TABLE DES MATIÈRES

NOTIONS
DE
GÉOGRAPHIE GÉNÉRALE.

PRÉPARATION
A L'ÉTUDE DE LA GÉOGRAPHIE.

INTRODUCTION. — L'ÉCOLE, LA RUE, LE QUARTIER.

Lecture.

Consacrons un jour par semaine aux exercices géographiques, le jeudi, par exemple, qui est en même temps un jour de congé.

Les premiers exercices seront des promenades et de la géographie pratique.

Supposons que l'école soit dans une commune rurale.

Le premier jeudi, on étudiera la situation et l'étendue de l'école, les pièces dont elle se compose, le vestibule, les escaliers et les corridors qui s'y trouvent, et toutes les constructions qui en forment les dépendances, comme hangar, bûcher, pompe, puits, etc.

Examinons ensuite la cour; mesurons-la, remarquons les arbres qui y fournissent de l'ombre pendant les ardeurs de l'été : ce sont, par exemple, des tilleuls, dont les fleurs sont usitées en médecine, dont le bois tendre et blanc s'emploie avec avantage dans les travaux de sculpture et de menuiserie, et dont l'écorce donne des fibres souples et tenaces, propres à fabriquer des cordages et des corbeilles ; — ou bien ce sont des marronniers d'Inde, qui charment la vue par leur beau feuillage, par leurs superbes pyramides de fleurs blanches, et dont le bois est employé à faire de jolis ouvrages de tabletterie ; leurs fruits eux-mêmes, longtemps méprisés, sont aujourd'hui d'un grand usage dans l'amidonnerie et d'autres préparations ; — ou bien encore ce sont des acacias, appelés plutôt robiniers, à cause de Robin, qui les a apportés d'Amérique en Europe au 17e siècle ; cet arbre, si répandu aujourd'hui dans notre pays, y est donc assez nouveau ; il y rend de grands services par son bois très-dur, qu'on emploie à la confection d'instruments d'agriculture [1].

Passons au jardin. Commençons par le mesurer, voyons par quelles propriétés il est entouré, et parcourons-en les allées, notons leur étendue. Voilà des espaliers, où ont été disposés des pêchers, des abricotiers, des poiriers ; plus loin, ce sont des arbres à plein vent : des poiriers encore, des pommiers, des pruniers, des amandiers, des cerisiers, etc. Un figuier occupe un coin du jardin, le mieux exposé, le plus chaud.

Enfin les plates-bandes sont aussi passées en revue : des planches de haricots, de pois, de

1. Ces détails sont des exemples de ce qu'on peut dire sur les objets qu'on visitera dans les promenades géographiques ; les développements seront, si l'on veut, beaucoup plus considérables. Il faut donner de bonne heure aux enfants le goût de l'observation, et les instruire d'une foule de choses à propos de ce qu'ils voient.

choux, d'épinards, de laitues, de carottes, de betteraves, d'asperges, d'artichauts, etc., y montrent leurs plants frais et vigoureux, parce qu'ils sont bien arrosés, bien nettoyés des herbes importunes, et fournis d'engrais suffisants (dont on expliquera la nature aux élèves).

Une autre fois, quand le temps le permettra, et comme récompense, on enseignera aux meilleurs élèves à greffer, à tailler, à semer, à planter les végétaux dont on a appris les noms et les propriétés aujourd'hui.

Supposons maintenant que l'école soit à la ville, et que cette ville soit Paris : on consacrera le premier jeudi à l'école, à sa cour et à son jardin (s'il y en a un) ; mais tout cela occupe moins d'espace qu'à la campagne; il ne s'y trouve pas beaucoup d'arbres à observer, il n'y a pas d'espaliers, pas de culture; on pourra donc faire le même jour l'examen de la rue et du quartier.

La rue a des fabriques consacrées à telle industrie, des magasins où se fait tel commerce. Il y a tel monument moderne, tel autre d'une assez haute antiquité; ils sont destinés à tel et tel objet.

Cette rue aboutit à d'autres rues, qu'on indiquera; peut-être est-elle une des plus grandes de la ville, une des artères principales (on indiquerait l'époque où elle a été établie).

Notre *quartier* est composé de la rue où est l'école et des rues voisines. Nous pouvons parcourir les principales, et nous ferons dans ce voyage le tour entier du quartier, qui est un des quatre de l'arrondissement, et l'un des quatre-vingts que comprend toute la ville de Paris.

Le quartier a son nom particulier, tiré de tel établissement.

Il est limité par des rues dont on notera les noms. Il contient tel square ou tel jardin public; les édifices qu'il renferme sont telle église, tel palais, tel établissement consacré à la science, à l'instruction publique ou aux arts, tel hôpital ou hospice, telle fontaine, tel monument qui a été érigé pour orner la ville seulement, ou pour rappeler un grand souvenir.

(Les élèves prennent note de tout cela, et conservent ces détails sur un cahier qu'ils doivent tenir avec soin.)

Après ces exercices et tous les suivants, on pourra faire aux élèves des questions dans le genre de celles-ci :

De quels bâtiments et de quelles pièces se compose l'école? — Quelle est l'étendue de la cour? — Quels arbres y a-t-on plantés? — Quelles sont l'étendue et la situation du jardin? — Quelles sont les allées qu'on y a tracées? — Quels arbres y a-t-on mis en espaliers? — Quels sont les autres arbres qu'on y élève? — Quels légumes y cultive-t-on?

Pour une école de la ville: Que remarque-t-on dans la rue où est l'école? — A quelles rues aboutit-elle? — Qu'est-ce que le quartier? — De quelles rues principales se compose-t-il? — Comment est-il limité? — Quel nom porte-t-il? — Dans quel arrondissement est-il? — Quels principaux établissements contient-il?

I

LES POINTS CARDINAUX, LA BOUSSOLE.

Lecture.

Partons de grand matin [1], allons voir le lever du Soleil, et nous apprendrons le moyen de nous orienter.

1. Si l'on n'entreprend pas cette promenade à l'époque d'un

Montons sur la colline la plus voisine. Regardons de ce côté où le ciel offre de si magnifiques teintes pourprées, et où l'on dirait qu'un grand incendie embrase l'horizon. On commence à voir un peu le bord de l'astre; déjà on en découvre les trois quarts; le voilà enfin tout entier. Que ce globe est éclatant et majestueux ! C'est un spectacle toujours nouveau, et qui remplit l'âme d'une sorte de ravissement. Toute la nature semble réjouie à l'aspect de l'astre du jour. Les oiseaux célèbrent son arrivée par leurs chants joyeux, les autres animaux sortent gaiement de leurs retraites, et les hommes reprennent de toutes parts dans la campagne les travaux que la nuit avait interrompus.

Remarquons que le Soleil ne se lève pas réellement, mais que c'est la Terre qui, en tournant, nous ramène vers lui. On appelle *levant* ou *orient* ce côté où le Soleil semble ainsi se lever. Le côté opposé, où on l'a vu disparaître le soir, se nomme *couchant* ou *occident*. On donne encore le nom d'*est* au levant, et le nom d'*ouest* au couchant.

Tournons notre droite à l'est, et notre gauche à l'ouest; nous avons, dans cette position, le *nord* devant nous, et le *sud* derrière. A midi, nous verrons le Soleil dans la direction du sud; voilà pourquoi on donne aussi à ce côté le nom de *midi*.

équinoxe, c'est-à-dire vers le temps où le soleil se lève réellement à l'est, à 6 heures du matin, il faut faire remarquer aux élèves que son lever a lieu un peu au nord ou au sud de ce point, suivant la saison. On suppose une promenade, pour donner plus d'intérêt à l'étude. Si l'on peut en faire une, ce sera très-utile, mais ce n'est pas absolument indispensable. Les enfants comprendront sans peine cette petite fiction destinée à leur donner du goût et de l'attrait pour la science, au moyen d'une lecture qu'on a cherché à rendre agréable.

On le nomme également point *austral* et point *méridional*.

Le nord s'appelle encore *septentrion* ou le point *boréal*. Nous ne voyons, en France, le Soleil dans cette direction à aucune époque de la journée. Nous comprendrons plus tard que, pour certains pays, cet astre peut se montrer au nord.

Les quatre points que nous venons d'indiquer sont les points cardinaux. Il y a quatre autres points qu'il est aussi très-utile de connaître : entre le nord et l'est, à égale distance de l'un et de l'autre, il existe un point que l'on nomme nord-est; le sud-est se trouve entre le sud et l'est; le sud-ouest, entre le sud et l'ouest; et le nord-ouest, entre le nord et l'ouest. Tous ces points composent la *rose des vents*.

S'*orienter*, c'est retrouver, quand on en a besoin, les points de la rose des vents. Il est indispensable de chercher à se reconnaître au moyen de ces points.

Entrons, par exemple, dans ce joli bois; suivons ce chemin tortueux et si agréablement ombragé qui s'offre devant nous. Égarons-nous à dessein au milieu des grands arbres.

Nous voilà déjà fort avancés dans le bois. Comment pourrons-nous nous en retourner? Remarquez ce plan : on y voit que ce bois est au nord de l'école. Eh bien! tâchons de découvrir où est le sud, et nous nous dirigerons de ce côté, car c'est au sud du lieu où nous sommes que se trouve notre habitation. Voyons l'heure qu'il est maintenant. Il est neuf heures. Le Soleil, que nous voyons briller là-haut entre ces deux têtes d'arbres, ne se trouve plus à l'est, car il y a déjà au moins trois heures qu'il est levé. Il ne se trouve pas au sud non plus, car il n'est pas encore midi. Le Soleil est donc entre l'est et le sud, c'est-à-dire au sud-est. Tâchez maintenant de découvrir le sud, au moyen du sud-est.

Remarquez qu'au lever du Soleil, en tournant

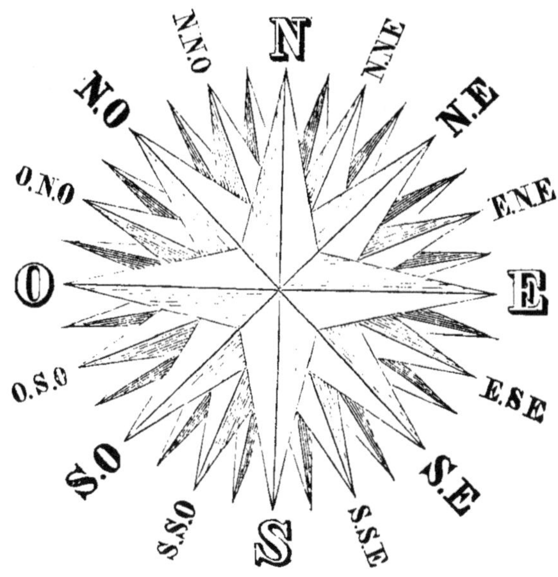

Rose des vents.

votre main droite à cet astre, vous aviez l'est à droite, et derrière vous le sud, c'est-à-dire le point vers lequel le Soleil sera à midi. Lorsque vous étiez ainsi placé, le sud-est devait être derrière votre épaule droite.

Tournez-vous donc en ce moment de manière à avoir le Soleil derrière votre épaule droite, et vous aurez l'est précisément à droite, l'ouest à gauche, et le sud derrière vous.

Maintenant vous connaissez le sud. Voici justement un petit sentier dans cette direction : prenons-le, il nous conduira vers notre demeure[1].

Mais, direz-vous, si le Soleil avait été caché par d'épais nuages, nous aurions été sérieusement perdus. Cela est vrai ; nous aurions pu nous éga-

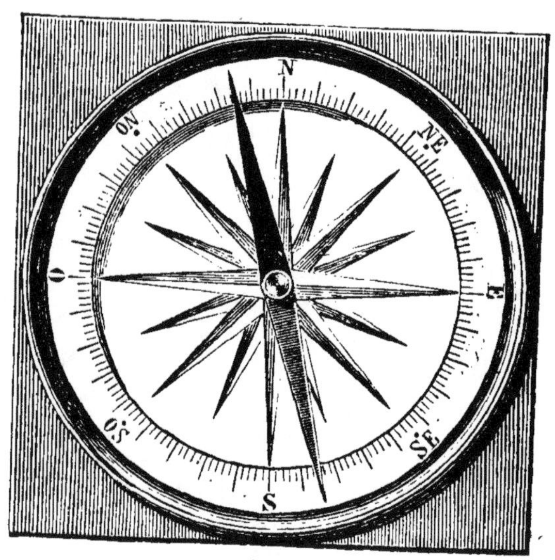

Boussole.

rer, et chercher assez longtemps notre chemin, si nous n'avions emporté ce petit instrument qu'on nomme une *boussole* ; vous voyez que c'est une boîte dans laquelle une aiguille, large au milieu,

1. A toute autre heure et quelle que soit la situation du lieu où l'on est relativement à celui où l'on veut aller, on pourrait s'orienter de même, en remarquant dans quelle direction est le Soleil ce qu'on trouvera sans peine par l'heure.

pointue aux extrémités, est mobile sur un pivot. Cette aiguille est en acier ; mais elle a été frottée avec de l'aimant, qui est un autre métal, et elle est ce qu'on appelle aimantée; elle a acquis la merveilleuse propriété de diriger une de ses pointes au nord, et l'autre au sud ; elle va, du moins, à peu près dans ces deux directions, et, si elle ne s'y trouve pas exactement, on sait de combien elle s'en écarte. On peut donc retrouver facilement son chemin au moyen de ce précieux instrument.

Si le temps est beau, nous compléterons, au commencement de la nuit, par l'étude du ciel, la leçon du matin

Contemplons la voûte céleste, parsemée d'étoiles dans toute son immense profondeur. Les étoiles, qui paraissent petites à cause de leur grand éloignement, sont, en réalité, de très-gros astres et autant de splendides soleils, comme celui qui nous éclaire pendant le jour. Remarquez que plusieurs semblent groupées et dessiner certaines figures, comme des carrés, des triangles, des couronnes et autres apparences. Ces groupes sont appelés des constellations. Eh bien ! tournons notre gauche au côté où nous avons vu le Soleil se coucher; maintenant arrêtons nos regards vers une région assez élevée de la voûte céleste, à peu près vers le milieu de l'espace qui sépare le point le plus haut du ciel, et qu'on appelle le zénith, du point le plus bas, c'est-à-dire de l'endroit où le ciel semble toucher la Terre et qu'on nomme l'horizon. Vous découvrez une constellation qui comprend sept astres principaux : quatre forment un carré ; trois autres, à la suite, sont sur une ligne presque droite ; cette constellation est ce qu'on appelle la Petite Ourse ; et ces trois étoiles en ligne droite en sont la *queue*. L'étoile qui forme l'extrémité de cette queue est appelée *Polaire* (bientôt on dira pourquoi). Elle est toujours dans la direction du nord, et, dès que l'on connaît le nord, on sait où sont les autres points cardinaux.

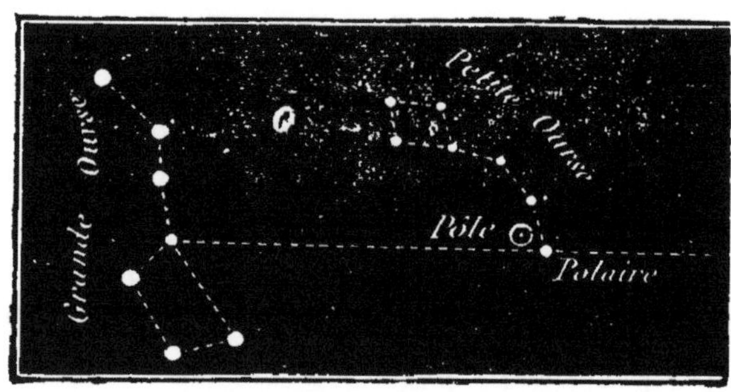

Constellations de la Grande Ourse et de la Petite Ourse.

Dans le voisinage de cette constellation, admirez-en une autre bien plus brillante, bien plus étendue et qui lui ressemble beaucoup : c'est la Grande Ourse ; mais elle ne se trouve pas si directement au nord que la Petite, et n'offre pas un moyen si commode de s'orienter.

1re leçon.

Il y a quatre *points cardinaux*. Le côté où le Soleil semble se lever, ou plutôt où il se trouve à 6 h. du matin, s'appelle *est*, *levant* ou *orient ;* celui où il semble se coucher, c'est-à-dire où il se trouve à 6 h. du soir, est l'*ouest*, *couchant* ou *occident ;* le *sud* ou *midi* est dans la direction où nous voyons le Soleil à midi ; le *nord* ou *septentrion* est à l'opposé et se trouve du côté de la Petite Ourse, qui contient l'étoile Polaire.

Il y a quatre *points collatéraux* : le *nord-est*, entre le nord et l'est ; le *nord-ouest*, entre le nord et l'ouest ; le *sud-est*, entre le sud et l'est ; le *sud-ouest*, entre le sud et l'ouest.

Les points cardinaux et les points collatéraux forment la *rose des vents*.

On s'*oriente*, c'est-à-dire, on cherche la situation des points de la rose des vents, en observant le Soleil, l'étoile Polaire et la boussole.

II

LES CHAMPS, LES BOIS, LES RIVIÈRES, LES MONTAGNES, ETC. VOYAGES PAR TERRE ET PAR EAU.

Lecture.

§ 1er. Poursuivons, sur le terrain qui nous environne, nos études pratiques de géographie. Allons donc à la promenade. Admirons les belles cultures de ces champs, les uns carrés, les autres triangulaires, enfin de toutes sortes de formes, la plupart entourés de haies ou de fossés, et divisés entre les habitants du pays : tous ont été mesurés exactement par les géomètres du cadastre, et l'on en connaît parfaitement l'étendue.

Voici du blé, dont les grains dorés donnent une farine excellente ; à côté, vous voyez du seigle, qui a la tige plus grêle, le grain plus mince, et qui fournit une farine moins blanche ; là, vous reconnaissez l'orge, aux barbes longues et dures de ses épis aplatis; le champ voisin est couvert d'avoine, aux épis lâches et tombants. Ces plantes sont les principales céréales de notre climat. Vous apercevez bien dans le jardin placé à côté de ce champ quelques plants de maïs, qui étalent leurs longues feuilles, leurs gros épis de grains jaunes et ronds; mais c'est ici une petite culture d'agrément : la température n'est pas assez chaude pour qu'on y élève en grand cette céréale; de même on n'y cultive pas de sarrasin ou blé noir (végétal qui a la taille et le port de l'oseille, avec de jolies fleurs blanches et un grain triangulaire tout noir), car le sol y est trop bon pour le consacrer à cette plante, moins précieuse que les céréales que vous voyez.

Nous n'avons pas ici une autre céréale bien renommée, le riz, qui ne croît que dans les régions chaudes et humides, et qui nourrit un grand nombre de peuples ; mais nous possédons en abondance une plante non moins utile, la pomme de terre, qui vient de l'Amérique.

Voilà un joli coteau tout planté de vigne; quand le raisin sera mûr, on le pressera pour en faire du vin; mais le vin des environs de Paris est d'une qualité bien inférieure.

On ne cultive pas, dans ce département, le chanvre, formant de hautes herbes droites, revêtues d'un fil propre à faire de la toile; ni le lin, dont les tiges plus délicates fournissent aussi des fils précieux. Mais il y en a beaucoup dans d'autres pays de la France.

Suivons ce chemin agréablement ombragé de grands arbres. Remarquez ces énormes châtaigniers, ces noyers et ces cerisiers, dont les fruits et le bois sont également utiles.

Nous entrons dans une belle allée de peupliers, qui n'est pas moins agréable, mais qui ne fournit pas de fruits comestibles.

Nous traversons un bois tout formé d'arbres au port droit et élancé, au feuillage d'un vert sombre et sévère, mais à l'ombre desquels on se plaît cependant : ce sont des sapins, des pins, des mélèzes, des cyprès, des cèdres, dont le bois serait excellent pour construire les maisons et les meubles, si ce n'était ici un parc d'agrément que l'on ne voudrait pas détruire.

Franchissons cet espace un peu bas, où paissent des vaches : c'est un pré ou une *prairie naturelle*, composée d'un grand nombre d'espèces d'herbes, dont la plupart sont des graminées, ressemblant au blé, au seigle et aux gazons de nos jardins.

Dans les trois champs plus secs que vous voyez à côté, sont des *prairies artificielles*, formées de trèfle, de luzerne et de sainfoin, qui donnent, comme le pré, de très-bons fourrages, et à la place desquels on mettra plus tard des céréales.

Nous voilà dans un espace planté d'arbres jusqu'à plus de vingt kilomètres de distance : c'est beaucoup plus considérable que le bois que nous avons vu tout à l'heure. On l'appelle une forêt : vous remarquez ces grands et forts chênes, qui servent à toutes sortes de constructions; ces beaux hêtres, ces bouleaux à l'écorce toute blanche; ces trembles au feuillage toujours mobile; ces platanes aux feuilles larges et élégamment découpées, et à la tige robuste, quoique dépouillée d'une partie de son écorce; ces érables, qui ont un bois agréablement veiné ; ces ormes majestueux, mais aux troncs obliques, qui donnent meilleur bois de chauffage ; ces charmes qui servent aussi beaucoup à nous chauffer; ces frênes, qui ont des feuilles divisées en jolies folioles et fournissent un charmant bois d'ébénisterie.

Sur la lisière de la forêt, vous apercevez des carrières d'où l'on extrait des pierres excellentes pour la construction des maisons. Ces pierres sont du calcaire; on en emploie une partie à faire de la chaux[1].

Retournons vers l'école par un autre chemin, et traversons ces champs plantés de légumes, cultivés avec tant de soin et tant de profit par les maraîchers, pour l'alimentation de la grande ville.

Combien la vue se repose agréablement sur toutes ces richesses de la campagne! Que de reconnaissance nous devons à Dieu pour tant de végétaux utiles qu'il nous a accordés !

§ 2. Pour nouvelle promenade géographique, allons faire une course sur les bords de l'étang (ou du lac)[2]. C'est un des endroits qu'on aime le plus, à cause de la fraîcheur agréable qu'on y éprouve, et parce qu'on trouve toujours un certain charme à jouir à la fois de la vue de la terre et de l'eau.

Vous découvrez déjà une partie de l'étang; c'est

1. Expliquer aux élèves comment se fait la chaux, et à quoi elle sert. Donner d'ailleurs, sur les diverses pierres et les divers terrains qu'on rencontrera, les explications nécessaires à leur usage. Il en sera de même pour les animaux qu'on remarquera.

2. Par exemple, à l'étang (ou lac) d'Enghien.

peut-être la plus belle masse d'eau que vous ayez vue ; mais ne croyez pas que ce soit la plus grande qu'il y ait sur la Terre. Il y a des amas beaucoup plus grands, qui sont de véritables *lacs* (car cette pièce d'eau, à laquelle on donne par abus le nom de lac n'est pas assez considérable en réalité pour mériter ce nom); et il en est d'autres beaucoup plus vastes que les lacs : ce sont les *mers* et les *océans*, dont l'eau n'est pas douce, comme celle-ci, mais salée et amère.

Ces mers et ces océans sont tellement considérables, qu'il faut souvent deux ou trois mois pour parcourir, même avec un excellent navire, quelques-unes de ces grandes masses d'eau, tandis que nous fanchissons l'étang en dix minutes avec notre petit bateau.

Cependant notre étang sera pour nous aujourd'hui une petite mer, et je vais vous y montrer différentes choses qui pourront vous faire comprendre un peu ce qu'est la mer véritable. Promenons-nous donc sur ses bords, que nous comparerons aux *côtes* de la mer.

Remarquez-vous d'abord ces inégalités que le vent fait naître sur la surface de l'eau, et qui viennent mourir sur le bord avec un certain bruit? Ce sont de petites *vagues*, de petits *flots*, des *ondes*. Le vent cause des agitations de ce genre sur la mer, mais elles sont énormes et effrayantes; elles se précipitent sur les côtes avec une sorte de grondement terrible ; elles s'entre-choquent en écumant, et l'on dirait des montagnes d'eau qui roulent les unes contre les autres.

Ce petit terrain couvert de verdure qui s'élève

au milieu de l'étang, et où nous ne pouvons aller qu'en bateau, est une *île*; tandis que le terrain où nous sommes, et qui tient à une grande étendue dont fait partie la France, est le *continent* ou la *terre ferme.* Il y en a aussi dans la mer, et de bien plus grandes. Souvent il s'en trouve des *groupes* d'une dizaine, d'une vingtaine et davantage; c'est alors ce qu'on nomme un *archipel.*

Vous remarquez là-bas cet autre terrain qui s'avance beaucoup plus dans l'étang et qui est entouré d'eau presque de tous côtés : c'est une *presqu'île* ou *péninsule,* et le petit espace étroit par lequel on peut y arriver à pied est un *isthme.* Nous sommes maintenant sur un rocher qui s'avance plus dans l'eau que les autres parties du bord situées près de nous : c'est un *cap* ou un *promontoire,* ou, si vous aimez mieux, une *pointe.* Entre le cap où nous sommes et cet autre qui est un peu plus loin, il y a un espace où l'eau pénètre assez avant dans la terre : cet avancement est un *golfe.* En voilà un second un peu moins étendu, qui est une *baie*; un troisième moins considérable encore, et que nous appellerons une *anse* ou une *rade;* enfin cet autre si bien enfermé entre trois côtés du bord, que le vent ne pourrait pas facilement en faire sortir le bateau, lors même qu'il ne serait pas retenu par une corde : c'est un petit *port,* ou, si l'on veut, un petit *havre.* On trouve de tout cela sur les côtes de la mer, mais en grand.

Avant de quitter l'étang, remarquez l'espace étroit qui se trouve entre l'île et la presqu'île que je vous montrais tout à l'heure : c'est un *détroit.*

Remarquez aussi ces rochers qui s'élèvent du milieu de l'eau dans cet endroit, et qui rendraient là le passage de notre bateau très-difficile, surtout s'il faisait un grand vent et des vagues assez fortes : ce sont des *écueils*, des *récifs* ou des *brisants*; quand on en rencontre de semblables dans la mer, ils offrent de sérieux périls aux vaisseaux. Un peu plus loin, vous voyez un amas de sable qui s'élève un peu au-dessus de l'étang, et dont vous distinguez même le prolongement sous la surface limpide de l'eau : c'est un *banc de sable*, qui pourrait faire engraver très-dangereusement notre canot.

Nous voici arrivés à l'*embouchure* de la petite *rivière* qui vient former l'étang, c'est-à-dire à l'endroit même où elle se jette dans l'étang. Ce sont ses eaux qu'on a arrêtées par la chaussée que vous apercevez là-bas, et en s'amoncelant elles ont enfin produit la masse liquide que nous voyons. Elles déborderaient par-dessus la chaussée, si l'on n'avait établi à travers celle-ci un passage par lequel elles s'écoulent.

Remontons le long de cette rivière. Les rives en sont agréablement ornées de saules et de peupliers ; l'eau est limpide, et l'on voit facilement le fond de sable et de gravier sur lequel elle roule doucement. Mais voici un endroit où elle coule très-rapidement et très-bruyamment sur les cailloux : elle devient un *torrent;* elle tombe avec fracas du haut d'une masse de rochers : c'est une *cascade*. N'aimez-vous pas le murmure de cette chute d'eau, qui interrompt seul ici le silence de la campagne?

C'est une chute bien petite, comparée à celles

qu'on voit dans beaucoup d'autres lieux ; il y a de fortes rivières qui se précipitent avec un bruit terrible d'une hauteur bien plus grande que celle-là : ce sont alors des *cataractes*, et l'aspect en est magnifique.

Profitons de ce petit pont pour passer de l'autre côté de la rivière. Nous étions sur la *rive droite*, nous allons maintenant nous trouver sur la *rive gauche*.

A quoi reconnaît-on la rive droite et la rive gauche ? Le voici : Figurez-vous que la rivière est quelqu'un qui marche et descend, et supposez-lui une main droite et une main gauche. Le côté droit et le côté gauche de la rivière sont précisément à la droite et à la gauche d'une personne qui a la figure tournée dans la direction où elle coule. Ainsi, nous sommes maintenant au milieu du pont; nous nous tournons du côté de l'étang où va se jeter la rivière ; vous voyez l'eau descendre là-bas devant nous : eh bien! à notre droite est la rive droite de la rivière, à notre gauche est la rive gauche.

Voici un autre cours d'eau qui est *affluent* de celui-ci, c'est-à-dire qui vient s'y jeter. Il est plus petit : ce n'est qu'un *ruisseau*. Vous voyez l'endroit où il mêle ses eaux à celles de la rivière : c'est ce qu'on appelle un *confluent*.

Ce ruisseau est assez étroit pour que nous le franchissions en sautant. Nous ne pourrions pas traverser la rivière de la même manière, car elle est trop large. Mais il y a des cours d'eau bien plus grands encore que cette rivière, que nous avons passée sur un pont de deux petites arches. Il y en a sur lesquelles on a bâti des ponts de dix, quinze, vingt grandes arches et même davantage.

La rivière que nous avons suivie se jette, loin au-dessous de l'étang, dans une grande rivière, ou plutôt dans un *fleuve* (celui-ci s'appelle la Seine), qui coule pendant bien longtemps, et qui a enfin son *embouchure* dans la mer. Il y circule de grands bateaux, qui portent beaucoup de voyageurs et de marchandises.

Évitons cette espèce de prairie, qui n'est pas formée de jolis gazons fins comme les autres, mais qui est remplie de grandes herbes dures, de joncs et de roseaux; les eaux y séjournent tristement, car il n'y a pas assez de pente pour qu'elles puissent s'écouler; on y rencontre partout de grandes fondrières : c'est un *marais;* il en sort des vapeurs malsaines. On a commencé un grand fossé pour recevoir les eaux stagnantes et dessécher un peu cet endroit; ce fossé est ce qu'on appelle un *canal.* On fait souvent d'autres canaux plus grands que celui-là et qui servent à porter des bateaux; ils sont comme de grandes rivières artificielles.

Éloignons-nous de ce marais, et remontons notre joli petit ruisseau. Dans une heure, nous serons à l'endroit où il commence.

Admirez les deux pentes si vertes, si bien cultivées, entre lesquelles nous marchons maintenant. Nous sommes dans une *vallée* ou plutôt dans un *vallon*, car une vallée est bien plus grande que cela.

Nous nous trouvons dans un endroit où le vallon se rétrécit beaucoup. Il n'y a juste assez d'espace que pour le cours du ruisseau et pour le petit sentier que nous suivons. Voyez comme nous sommes étroitement resserrés entre le rocher escarpé et le bord de l'eau. Ce passage est un petit *défilé*.

Nous sommes enfin au haut du vallon, car nous voilà parvenus à l'endroit où commence notre ruisseau; l'eau sort limpide et pure de cette petite grotte formée par les rochers ; c'est la *source* du ruisseau. Cette eau va entreprendre un bien long voyage : elle s'écoulera dans la *rivière* que nous avons vue tout à l'heure; la rivière la portera dans le *fleuve* dont je vous parlais, et le fleuve ira l'engloutir dans la mer par une *embouchure*.

Montons encore quelques pas. Nous nous trouvons maintenant sur un terrain élevé et plat qu'on appelle un *plateau* : l'air y est plus vif et il y fait plus frais que dans la *plaine*, ce grand espace plat aussi, mais bas et verdoyant, que vous voyez là-bas, sur les bords de la rivière et qui est couvert de riches prairies.

N'allez pas croire que toutes les plaines soient fertiles et riantes, comme celle-ci; il y en a de fort tristes et de fort nues : tenez, regardez ce terrain inculte qu'on appelle une *lande*, espace plat aussi et sans aucune habitation, sans arbres, qui n'a pour toute végétation que de sèches bruyères; c'est un petit *désert*. Il y a, dans certaines contrées, surtout dans les pays chauds, des déserts très-vastes et que l'on met plusieurs mois à franchir, en ne rencontrant que des sables arides ou des terrains rocailleux, sans eau, sans abri. Quelquefois cependant un petit espace rafraîchi par quelque source et orné de verdure, d'un bouquet d'arbres, vient surprendre agréablement le voyageur au milieu de si affreuses solitudes; ces cantons fertiles, isolés dans les déserts, s'appellent *oasis.*

La lande que vous voyez se prolonge par une espèce de langue de sable jusqu'à l'étang; le vent agite souvent ce sable; il l'a amoncelé, comme vous pouvez le distinguer d'ici, en faibles hauteurs le long de la rive : c'est l'image, en petit, des *dunes* que les vents élèvent sur les bords de la mer et qui sont souvent considérables.

Avant de quitter la belle vue dont nous jouissons d'ici, remarquez, je vous prie, que la rivière qui forme l'étang et qui en sort reçoit plusieurs ruisseaux; que ceux-ci, à leur tour, se grossissent de ruisseaux plus petits. Eh bien, tout cet ensemble des eaux qui se réunissent dans la rivière, et des terrains qu'elles arrosent, forme le *bassin* de cette rivière; une longue ceinture de hauteurs l'environne. — Il y a, de même, des *bassins de fleuve* et qui sont bien plus grands.

Tout en parcourant notre plateau, nous sommes arrivés au pied d'une hauteur, que nous pourrons gravir facilement : d'un côté, cependant, elle est escarpée et n'offre que des *flancs* ou des *revers* presque inabordables; prenons plutôt, pour y monter, cette pente douce qu'on appelle une *côte* ou un *coteau*, et avançons-nous vers son point le plus haut.

Nous y voilà : c'est le *sommet* ou la *cime* de cette éminence, fort médiocre d'ailleurs et qui n'est qu'une *colline*, qu'une *butte* ou un *monticule*. Nous ne sommes là qu'à environ 100 mètres au-dessus de l'étang, qui est lui-même à 50 mètres au-dessus du niveau de la mer; ainsi, nous nous trouvons à 150 mètres d'*altitude*, car on appelle ainsi l'élévation d'un point au-dessus du niveau de la mer.

Quand nous voyagerons dans des pays lointains, nous ferons l'ascension de hauteurs bien plus grandes, de vraies *montagnes*, de *monts* dignes de ce nom, comme les Cévennes, qui ont 1800 mètres d'altitude, les *Pyrénées*, qui ont 3500 m., les Alpes, qui ont plus de 4000 m.

De notre modeste sommet, la vue s'étend fort loin cependant : vous voyez une route bien droite où circulent des voitures auxquelles sont attelés des chevaux ; — un chemin de fer où la locomotive à vapeur entraîne une longue suite de wagons, sur des rails ou barres de fer, propres à porter les roues, qui y roulent avec la plus grande facilité ; — la Seine où des bateaux vont et viennent, les uns au moyen de la vapeur, qui fait mouvoir des roues ou des hélices ; les autres emportés, en descendant, par le simple courant de l'eau, d'autres mus par des voiles que gonfle le vent, plusieurs enfin par des rames que poussent des mains vigoureuses.

Vous voyez aussi un canal, et vous remarquez qu'un bateau qui s'y trouve en ce moment se dirige vers un point beaucoup plus élevé que celui d'où il vient. Comment pourra-t-il y monter, vous dites-vous ? Et comment l'eau du canal paraît-elle sans mouvement, puisqu'il y a une pente si forte ? Cela est l'effet d'*écluses*, dont voici l'explication ; ce sont des parties du canal disposées en gradins et formant des bassins ou biefs, avec des portes énormes qu'on ferme et qu'on ouvre à volonté, pour arrêter ou pour faire écouler l'eau. Ainsi, lorsqu'on veut monter, on ouvre les portes au-dessus du bateau; l'eau qui était arrêtée par l'écluse, se précipite dans la partie plus basse où se trouve le bateau, et elle s'y élève bientôt au niveau de la partie supérieure du canal, parce qu'il y a plus loin, au-dessous, d'autres portes qui la retiennent.

Vous remarquez que la colline où nous sommes

Volcan. (*Le Vésuve.*)

tient à une colline, que cette seconde touche à une troisième, et que plusieurs autres sont la continuation de celle-ci. C'est une *chaîne de collines.* Il y a, de même, des *chaînes de montagnes*, très-vastes, très-imposantes, avec des sommets majestueux, couverts de neiges éternelles et de glaciers (car il fait d'autant plus froid qu'on monte davantage); ces sommets forment des *pics*, des *aiguilles*, d'un aspect magnifique.

La suite des sommets de cette chaîne s'appelle l'*arête* ou la *crête* de la chaîne, et les pentes de celle-ci en sont les *versants*.

Les montagnes se sont probablement soulevées du sein de la Terre, par l'effet de la grande chaleur qui règne dans l'intérieur du globe; elles sont une des choses les plus intéressantes de la géographie, et on ne se lasse pas de les examiner, de les étudier. Les plus curieuses peut-être sont celles qu'on appelle *volcans;* mais il n'y en a pas dans notre pays. Les volcans sont en communication directe avec les parties brûlantes des entrailles de la Terre, et rejettent, par une large bouche nommée *cratère*, des flammes, des cendres, des gaz, des matières minérales fondues appelées *laves*, et toutes sortes d'autres substances qui annoncent que nous habitons au-dessus d'un foyer ardent.

2e leçon.

Un *champ* est un terrain ordinairement cultivé en céréales, pommes de terre ou autres plantes propres à l'alimentation des hommes ou à divers usages industriels.

Un *pré* ou une *prairie naturelle* est un espace couvert constamment d'herbes destinées à la nourriture des animaux. — Les *prairies artificielles* sont formées de plantes à fourrages qui n'occupent que momentanément des terrains où l'on met ensuite des céréales, des pommes de terre, etc.

Les plus grands espaces de terre sont les *continents.*

Les *îles* sont des terres moins grandes, entourées d'eau de tous côtés.

Plusieurs îles rapprochées les unes des autres forment un *groupe d'îles.* — Quand il y en a un très-grand nombre, cette réunion se nomme *archipel.*

Les *presqu'îles* ou *péninsules* sont des espaces de terre environnés d'eau *presque* de tous côtés.

Un *isthme* est un espace étroit resserré entre deux masses d'eau.

Les *côtes* sont les bords des continents et des îles.

Les *promontoires*, les *caps* et les *pointes* sont les avancements des côtes.

La plus grande partie de l'eau répandue sur le globe terrestre forme ce qu'on appelle la *mer.*

Les *océans* sont les plus grands espaces de mer.

Une *mer* est un espace moins grand qu'un *océan.*

Les *golfes*, les *baies*, les *anses* et les *rades* sont des avancements de mer qui pénètrent dans les terres.

Les *ports* ou *havres* sont des avancements plus petits, propres à servir d'asile aux vaisseaux.

Les *détroits* sont des espaces de mer resserrés entre deux parties de terre. On donne souvent aussi le nom de *canal* à un détroit.

Les *lacs* sont de grands amas d'eau placés au milieu des terres.

Les *marais* sont des amas d'eau peu profonds situés dans les terres. — Les *mares* sont les plus petits amas d'eau.

Des rochers placés au milieu de la mer et dangereux pour les navigateurs s'appellent *écueils*, *récifs*, *brisants*. — Les espaces sablonneux qui se trouvent dans l'eau se nomment *bancs de sable*.

3e leçon.

Les *plaines* sont des espaces de terrain plat.

Les *déserts* et les *landes* sont des plaines arides. On appelle *oasis* les espaces fertiles qui s'y trouvent.

Les *monts* et les *montagnes* sont de grandes hauteurs ; les *collines* et les *monticules* sont moins élevés. — On appelle souvent *côte* le penchant d'une hauteur, et quelquefois la hauteur tout entière. — Les *dunes* sont les collines sablonneuses des bords de la mer.

Le *sommet* est le point le plus élevé d'une montagne ; le *pied* en est la partie la plus basse.

Une *chaîne de montagnes* est formée de plusieurs montagnes jointes les unes aux autres.

On nomme *plateaux* des territoires élevés et plats, souvent entourés de montagnes et quelquefois formant les sommets de certaines montagnes.

Les penchants d'une montagne ou d'une chaîne de montagne s'appellent *revers*, *flancs* ou *versants*.

Les *volcans* sont des montagnes qui présentent de grandes ouvertures nommées *cratères*, d'où sortent des flammes, de la fumée et des minéraux fondus.

Un *défilé* est un passage étroit entre deux sommets de montagnes, ou entre une montagne et la mer. — Un *col* est particulièrement entre deux montagnes.

Les *vallées* et les *vallons* sont des espaces profonds qui se trouvent entre deux montagnes ou entre deux chaînes de montagnes.

Les *bois* et les *forêts* sont de grandes réunions d'arbres.

Un *fleuve* est un grand cours d'eau qui va se jeter dans la mer. — Une *rivière* est un cours d'eau qui perd son nom en se joignant à un autre; cependant, quand un cours d'eau qui se rend directement dans la mer n'est pas considérable, il s'appelle aussi *rivière*.

Un *ruisseau* est un très-petit cours d'eau.

Les *torrents* sont des cours d'eau très-rapides et qui, ordinairement n'existent qu'à certaines époques de l'année, au moment des grandes pluies ou de la fonte des neiges.

La *source* d'un cours d'eau est l'endroit où il commence; son *embouchure* est l'endroit où il se jette dans la mer. Plusieurs embouchures s'appellent aussi *bouches*. Le territoire compris entre la mer et les branches d'un fleuve qui a plusieurs embouchures, se nomme *delta*.

L'endroit où deux cours d'eau se réunissent est un *confluent*.

Les *affluents* d'un cours d'eau sont les divers cours d'eau qu'il reçoit.

Les rives d'un cours d'eau s'appellent *rive droite* et *rive gauche*. Il faut se figurer que le cours d'eau est une personne qui descend vers l'endroit où il se termine, et dont le côté droit est la rive droite de la rivière, et le côté gauche, la rive gauche.

Le *bassin* d'un fleuve est le territoire arrosé par ce fleuve et par ses affluents.

Un *étang* est un amas d'eau formé par un ruis-

...

seau dont on arrête le courant au moyen d'une chaussée. Les grands étangs sont quelquefois appelés lacs. On applique souvent le nom d'*étangs*, ou mieux celui de *lagunes*, à des amas d'eau voisins des côtes et communiquant avec la mer.

Une chute d'eau se nomme *cascade* ou *cataracte*.

Un *canal* est un grand fossé où l'on introduit de l'eau, principalement pour y faire circuler les bateaux (Voir la figure des termes géographiques, page 43.)

III

LA COMMUNE, LE HAMEAU, LE VILLAGE, LE BOURG, LA VILLE, LE CANTON, L'ARRONDISSEMENT, LE DÉPARTEMENT.

Lecture.

Nous avons fait notre dernière promenade dans des endroits solitaires. Aujourd'hui dirigeons-nous vers les lieux habités. Allons voir les bons cultivateurs du voisinage. Vous apercevez déjà la chaumière d'un laboureur : la mère coud à la porte, les enfants jouent devant elle sur le gazon ; l'aîné apprend à labourer avec son père, qui travaille pour les nourrir tous.

Le père, la mère et les enfants font une famille.

Plusieurs maisons sont bâties les unes à côté des autres. Comptez-les : en voilà dix. Elles composent un *hameau*. Plusieurs familles y vivent paisiblement.

Entendez-vous la cloche qui appelle ces braves

gens à la maison de Dieu? Nous serons bientôt arrivés à l'église; son haut clocher s'aperçoit au loin au-dessus des arbres. Il y a là plus de maisons que dans le hameau : on peut en compter une vingtaine, une trentaine même. Voici celle qu'habite le curé; cette autre est le séjour du maire. Tout ce groupe de maisons forme un *village;* avec les hameaux qui en dépendent, il compose une *commune.*

Tournons de ce côté; dans une demi-heure nous trouverons une autre réunion de maisons. Déjà vous en distinguez quelques-unes. Beaucoup de gens se rendent vers ces maisons avec des fardeaux et du bétail : c'est le jour du marché. Entrons avec eux dans l'endroit : il y a ici bien plus de mouvement que dans le village que nous venons de quitter. Voilà des boutiques d'épiciers, de boulangers, de cordonniers, et beaucoup d'autres; il s'y fait plus de commerce, et il y a trois ou quatre fois plus d'habitants. Le lieu où nous sommes est un *bourg.* S'il y avait un plus grand nombre de maisons, ce serait une *ville* ou une *cité.* Il y a des villes qui ne sont pas beaucoup plus considérables que ce bourg; mais il y en a aussi de bien plus grandes; et Paris, par exemple, contient environ mille fois autant d'habitants.

Le bourg que nous venons de visiter a, de même que la commune où est notre école, et toutes les communes voisines, un chef nommé *maire,* qui le dirige, de concert avec un *conseil municipal,* nommé par les habitants; cet endroit assez important est, de plus, la résidence d'un *juge de paix,* chargé de régler les affaires de justice dans toute une étendue comprenant une dizaine de communes. Cette étendue forme un *canton*. Plusieurs cantons semblables composent un *arrondissement*; plusieurs arrondissements composent un *département*.

Le département a pour chef un *préfet*, qui le dirige de concert avec un *conseil général*, nommé par les habitants. Les arrondissements sont administrés par un *sous-préfet* (excepté ceux qui ont pour chef-lieu le chef-lieu même du département : dans ce cas, c'est le préfet lui-même qui est chargé de l'administration de l'arrondissement). Des *conseils d'arrondissement*, élus par les habitants, surveillent aussi cette administration.

Il y a, par exemple, dans le département de la Seine, deux arrondissements, ayant pour chefs-lieux Saint-Denis et Sceaux, résidences de sous-préfets qui dépendent du *préfet* résidant à Paris, chef-lieu du département.

Cette ville si considérable est une exception dans l'administration générale du pays; elle n'est pas, comme les autres chefs-lieux de département, le chef-lieu d'un arrondissement contenant plusieurs communes; elle ne forme qu'une commune ayant son conseil municipal; mais elle comprend vingt arrondissements, dont chacun a un maire et un juge de paix; un de ces arrondissements se divise en quatre quartiers, ayant, chacun, un commissaire de police; de sorte que toute la ville a quatre-vingts quartiers.

Tous les départements réunis (comme, dans d'autres pays, des divisions du même genre qui s'appellent provinces, comtés ou autrement) dépendent d'une direction générale qui forme le *gouvernement;* ils sont soumis aux mêmes lois et constituent un *État.* Tous les habitants s'appellent compatriotes ou concitoyens, et composent une *nation*, un *peuple*. L'État est tantôt une *république*, quand il est gouverné par plusieurs chefs, nommés ordinairement par les habitants; tantôt un *royaume*, quand il est gouverné par un roi; tantôt un *empire*, quand le chef est un empereur.

4e leçon.

Les *hameaux* sont les plus petits groupes de maisons; les *villages* sont les groupes un peu plus importants; un *bourg* est plus considérable qu'un village; les plus grandes réunions de maisons s'appellent *villes* ou *cités*.

Une *commune* est une circonscription administrée par un *maire* et un *conseil municipal;* elle a pour chef-lieu soit un village, soit un bourg, soit une ville.

Un *canton* est une circonscription administrée, pour les affaires de justice, par un *juge de paix*.

Un *arrondissement* est une circonscription administrée par un *sous-préfet* (excepté quand l'arrondissement a pour chef-lieu le chef-lieu même du département: alors c'est le préfet qui l'administre).

Un *département* est une circonscription administrée par un *préfet*.

Le *conseil général*, élu par les habitants, participe à l'administration du département. Le *conseil d'arrondissement* participe à l'administration de l'arrondissement.

....

Un *État* est un pays soumis à un même gouvernement, aux mêmes lois.

Une *république* est un État gouverné par plusieurs chefs.

Un *royaume* est un État gouverné par un roi.

Un *empire* est un État gouverné par un empereur.

Un *peuple* ou une *nation* se compose des habitants d'un même État.

TRACÉ DE LA CARTE DES ENVIRONS DE L'ÉCOLE.

Lecture.

Résumons sur le tableau noir ce que nous avons appris dans nos précédents exercices.

Nous conviendrons, comme c'est la coutume, de placer le nord en haut du tableau; l'est à droite; l'ouest à gauche, et le sud en bas.

Voici les chemins que nous avons parcourus autour de l'école; la commune où se trouve l'école s'étend jusque-là; voici le plan de la commune; représentons, par exemple, les choses dans des dimensions environ 2000 fois plus petites qu'elles ne le sont réellement (on appelle cela une échelle au 2000ᵉ) ; nous y trouvons tous les chemins, les hameaux et les fermes isolées, les bois et les forêts; ces hachures indiquent les collines et les montagnes ; ces traits indiquent les ruisseaux, les rivières; ces espaces triangulaires, les étangs. Nous ne pouvons pas y mettre tous les champs :

le travail serait trop compliqué ; mais nous mettrons du moins ceux qui touchent l'école. (Voir le plan ci-dessous).

Maintenant dessinons le canton dont fait partie notre commune. C'est sur une échelle plus petite (au 5000e par exemple). Nous n'y mettrons que les

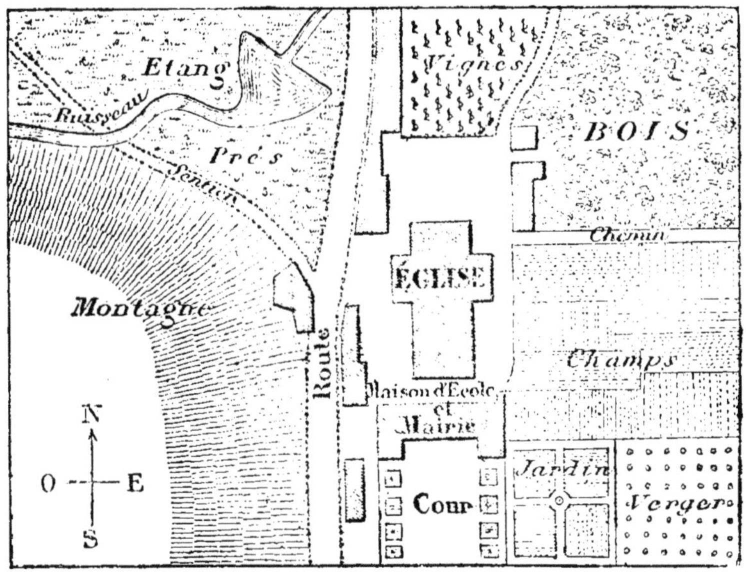

Plan des environs de l'école (au 2000e).

cours d'eau les plus importants, les hauteurs les plus remarquables, les chemins les plus considérables ; nous y indiquerons toutes les communes (chacune par un simple cercle ou un petit carré), toutes les forêts, et à peu près tous les bois et tous les étangs.

Voici maintenant, sur une plus petite échelle, tout le département de la Seine, avec la Seine et la Marne; les canaux, les bois de Boulogne et de Vincennes; Paris, avec sa forme triangulaire, et les deux sous-préfectures: Saint-Denis et Sceaux. Une autre fois, on y joindra les chefs-lieux de canton, etc.

Carte du dép. de la Seine et des parties voisines dans le dép. de Seine-et-Oise.

Pour une école de Paris, remplaçons le plan de la commune par le plan du quartier. Nous n'y mettrons que les voies principales.

Faisons ensuite le plan de Paris tout entier, en indiquant la Seine, la Bièvre, le canal Saint-Martin, le bassin de La Villette et le canal de l'Ourcq, les boulevards, les grandes rues, les places prin-

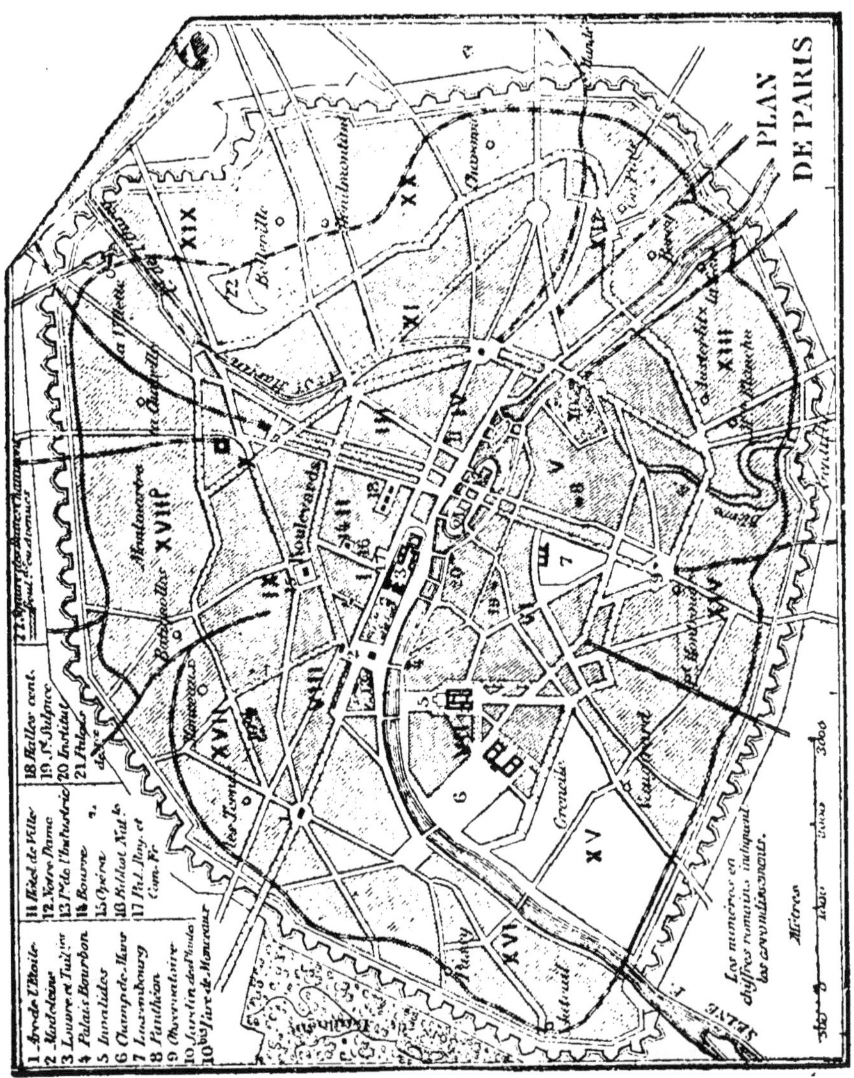

cipales, les jardins publics, les lieux annexés en 1860 (Bercy, Charonne, etc.).

NOMENCLATURE GÉOGRAPHIQUE

expliquée sur la carte murale de France et sur le plan des environs de Paris[1].

IV

TERMES APPLIQUÉS AUX ESPACES DE TERRE ET D'EAU.

5e leçon.

Le vaste espace de terre dont la France fait partie est un *continent.*

Les *îles* sont des terres moins grandes, entourées d'eau de tous côtés. (Exemples : l'île d'Ouessant, Belle-Ile, Noirmoutier.)

Plusieurs îles rapprochées les unes des autres forment un *groupe d'îles* (les îles d'Hyères). — Quand il y en a un très-grand nombre, cette réunion se nomme *archipel* (les îles Anglo-Normandes).

Les *presqu'îles* ou *péninsules* sont des espaces de terre environnés d'eau *presque* de tous côtés (le Cotentin, la Bretagne).

Un *isthme* est un espace resserré entre deux masses d'eau (isthme des Pyrénées).

Les *côtes* sont les bords des continents et des îles (côtes de la Bretagne, de l'île d'Ouessant).

Les *caps*, les *pointes* et les *promontoires* sont les avancements des côtes (cap de la Hague).

La plus grande partie de l'eau répandue sur le

1. On va répéter ici des définitions qu'on a déjà apprises; mais on ne peut trop y revenir.

globe terrestre forme ce qu'on appelle la *mer* (la France est entourée par la mer de trois côtés).

Les *océans* sont les plus grands espaces de mer (l'océan Atlantique).

Une *mer* est un espace moins grand qu'un *océan* (la Manche, la Méditerranée, la mer du Nord).

Les *golfes*, les *baies*, les *anses* et les *rades* sont des avancements de mer qui pénètrent dans les terres (golfe du Lion, baie du Mont Saint-Michel, anse de l'Aiguillon, rade de Brest).

Les *ports* ou *havres* sont des avancements plus petits, propres à servir d'asile aux vaisseaux (ports de Marseille, du Havre).

Les *détroits* sont des espaces de mer resserrés entre deux parties de terre. On donne souvent aussi à un détroit le nom de *canal*, ou ceux de *pas*, de *passe*, de *passage*, *de raz*, de *pertuis*, de *chenal*, de *goulet* (Pas de Calais, détroit de Fromentine, Pertuis Breton, etc.)

Les *lacs* sont de grands amas d'eau placés au milieu des terres (lac de Genève).

Les *marais* sont des amas d'eau peu profonds situés dans les terres (marais de la Grande-Brière, dans le sud de la Bretagne).

Les *mares* sont les plus petits amas d'eau (mare d'Auteuil, dans le bois de Boulogne).

Des rochers placés au milieu de la mer et dangereux pour les navigateurs s'appellent *écueils*, *récifs*, *brisants* (le Calvados, dans la Manche).

Les espaces sablonneux qui se trouvent dans l'eau et qui sont également dangereux pour la navigation, se nomment *bancs de sable* (bancs de Dunkerque).

V

TERMES APPLIQUÉS AUX DIVERSES PARTIES DE LA SURFACE DES TERRES ET AUX EAUX COURANTES.

6e leçon.

Les *plaines* sont de grands espaces de terrain plat (plaine de Saint-Denis, plaines de la Brie).

Les *déserts* et les *landes* sont des plaines arides (désert de la Crau, landes de Bordeaux et de Gascogne). On appelle *oasis* les petits espaces fertiles qui s'y trouvent (comme Sabres, dans le département des Landes).

Les *monts* et les *montagnes* sont de grandes hauteurs (les Alpes, les Pyrénées); les *collines*, les *monticules*, *les buttes* (Montmartre, Ménilmontant, mont Valérien) sont moins élevés. — On appelle souvent *côte* le penchant d'une hauteur et quelquefois la hauteur tout entière (Côte d'Or). Les *coteaux* sont les pentes des plus petites hauteurs, et ils sont ordinairement bien cultivés (coteaux d'Argenteuil, cultivés en vignes et en figuiers).

Les *dunes* sont les collines sablonneuses des bords de la mer (dunes de Dunkerque).

Le *sommet* est le point le plus élevé d'une montagne; le *pied* en est la partie la plus basse.

Une *chaîne de montagnes* est formée de plusieurs montagnes jointes les unes aux autres. (Les Alpes, les Cévennes).

On nomme *plateaux* des territoires élevés et plats, souvent entourés ou couronnés de montagnes, et quelquefois formant les sommets de certaines montagnes. (Plateau central de la France, plateau du mont Valérien.)

Les penchants d'une montagne ou d'une chaîne

de montagnes s'appellent *revers* ou *versants* (versants des Alpes, des Pyrénées). On appelle aussi *versant* tout un grand territoire incliné vers telle ou telle mer. (Exemple : versant de la Manche.)

Les *volcans* sont des montagnes qui présentent de grandes ouvertures nommées *cratères*, d'où sortent des flammes, de la fumée et des minéraux fondus. (Il y a d'anciens volcans en Auvergne.)

Un *défilé* ou *col* est un passage étroit entre deux sommets de montagnes, ou entre une montagne et la mer. (Col du mont Genèvre, dans les Alpes.)

Les *vallées* et les *vallons* sont des espaces profonds qui se trouvent entre deux montagnes ou entre deux chaînes de montagnes (vallée de Campan, vallon d'Arcueil).

Les *bois* et les *forêts* sont de grandes réunions d'arbres (bois de Boulogne, forêt de Saint-Germain).

Un *fleuve* est un grand cours d'eau qui va se jeter dans la mer (la Seine, la Loire). — Une *rivière* est un cours d'eau qui perd son nom en se joignant à un autre (la Marne, l'Yonne); cependant, quand un cours d'eau qui se rend directement dans la mer n'est pas considérable, il s'appelle aussi *rivière* (l'Orne, la Vire).

Un *ruisseau* est un très-petit cours d'eau (ruisseau de Montfort, qui passe à Aubervilliers).

Les *torrents* sont des cours d'eau très-rapides et qui, ordinairement, n'existent qu'à certaines époques de l'année, aux moments des grandes pluies ou de la fonte des neiges (le Var, le Gave de Gavarnie).

La *source* d'un cours d'eau est l'endroit où il commence; son *embouchure* est l'endroit où il se jette dans la mer (source et embouchure de la Seine, de la Loire). Plusieurs embouchures s'appellent aussi *bouches* (bouches du Rhône). Le territoire compris entre la mer et les branches d'un fleuve qui a plusieurs embouchures se nomme *delta* (la Camargue est le delta du Rhône).

L'endroit où deux cours d'eau se réunissent est un *confluent*. (Charenton est près du confluent de la Seine et de la Marne.)

Les *affluents* d'un cours d'eau sont les divers cours d'eau qu'il reçoit (la Marne est affluent de la Seine).

Les deux rives d'un cours d'eau s'appellent *rive droite* et *rive gauche*. Il faut se figurer que le cours d'eau est une personne qui descend vers l'endroit où il se termine, et dont le côté droit est la rive droite de la rivière, et le côté gauche, la rive gauche. (Boulogne est sur la rive droite de la Seine; Choisy-le-Roi, sur la rive gauche.)

Le *bassin* d'un fleuve est le territoire arrosé par ce fleuve et par ses affluents, et entouré d'une ceinture de hauteurs appelée le partage des eaux. (Le bassin de la Seine est entouré par les hauteurs de la Côte d'Or, du Morvan, etc.)

Un *étang* est un amas d'eau formé par un ruisseau dont on arrête le courant au moyen d'une chaussée (étang d'Enghien). On applique aussi le nom d'*étangs*, ou celui de *lagunes*, à des amas d'eau voisins des côtes et communiquant avec la mer (étang de Thau, étang de Berre).

Une chute d'eau se nomme *cascade* ou *cataracte* (le Gave de Gavarnie forme une cascade; le Rhin forme une cataracte en Suisse).

Un *canal* est un grand fossé où l'on introduit de l'eau, principalement pour y faire circuler les bateaux. (Canal Saint-Martin, canal de Saint-Quentin.)

VI

TERMES APPLIQUÉS AUX RÉUNIONS D'HABITATIONS ET AUX DIVISIONS ADMINISTRATIVES.

7e leçon.

Une grande réunion de maisons est une *ville.* Exemples : Paris, Saint-Denis.

Une agglomération moins considérable, ayant environ 2 à 3000 habitants, est un *bourg.* Exemples : Montrouge, Nanterre.

Une réunion de maisons encore plus petite est un *village.* Exemple : Fontenay-aux-Roses.

Un *hameau* est la plus petite réunion d'habitations. Exemple : Aunay, près de Sceaux.

Une *commune* est ordinairement la plus petite des circonscriptions administratives. Exemple : *Châtenay*, qui a, parmi ses dépendances, le hameau d'Aunay.

Un *canton* est une circonscription qui comprend plusieurs communes. Exemple : le canton de Vincennes, qui, outre la commune de Vincennes, renferme celles de Fontenay-sous-Bois, Montreuil-sous-Bois, Rosny, Saint-Mandé, Villemonble.

Un *arrondissement* est une circonscription comprenant plusieurs cantons. Exemples : l'arrondissement de Saint-Denis, composé des cantons de Saint-Denis, Courbevoie, Neuilly et Pantin ; l'arrondissement de Sceaux, composé des cantons de Sceaux, Charenton, Villejuif et Vincennes.

Un *département* est une circonscription comprenant plusieurs arrondissements. Exemples : le département de Seine-et-Oise, renfermant les arrondissements de Versailles, Corbeil, Étampes, Mantes, Pontoise et Rambouillet; — le département de la Seine, renfermant les arrondissements de Saint-Denis et Sceaux, et, de plus, Paris, son chef-lieu, qui, par exception, n'est pas le chef-lieu d'un arrondissement territorial s'étendant autour de la ville, mais comprend dans son intérieur vingt arrondissements.

LA MAPPEMONDE

VII

FORME DE LA TERRE. — HORIZON.

Lecture.

Dans une immense plaine qui s'étend à perte de vue devant nous, et où il ne se trouve pas le moindre monticule, notre vue cependant ne va pas au delà de huit ou dix kilomètres. C'est parce que le sol n'est pas plat, mais arrondi, car il fait partie d'une boule énorme, qui est la Terre ; nous cessons de voir en un certain endroit la surface de cette grande plaine, car, plus loin, elle s'abaisse au-dessous de notre vue.

De tous côtés, nos regards sont ainsi limités en quelque endroit sur la Terre; cette limite forme un grand cercle autour de nous, et s'appelle *horizon*.

L'horizon est surtout très-sensible et très-appréciable sur l'immense plaine d'eau qu'on appelle la mer : si un vaisseau se dirige vers le rivage où nous sommes placés, on ne voit d'abord, dans le lointain, que le haut des mâts ; à mesure que le bâtiment approche, nous le découvrons davantage : on en distingue bientôt la moitié, puis les trois quarts ; enfin il se montre tout entier quand il n'est qu'à la distance d'une huitaine de kilomètres.

Les hauteurs des environs de Paris ont quelques

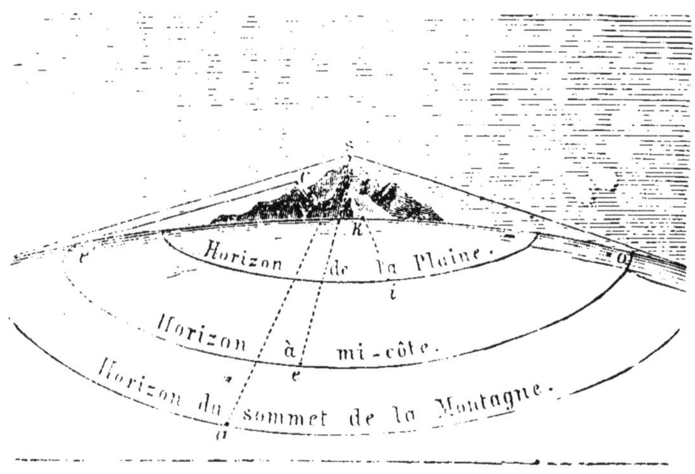

Horizon. — Courbure des terres.

centaines de mètres d'élévation au-dessus de la plaine. Cependant elles sont fort petites, comparées à d'autres montagnes, car il y en a qui ont jusqu'à sept mille, huit mille et jusqu'à près de neuf mille mètres de haut, c'est-à-dire neuf kilom.

A la vue de ces profondeurs et de ces montagnes qui nous paraissent si grandes, on se dit d'abord qu'il est bien difficile que la Terre soit ronde.

Mais il faut réfléchir que la Terre est énorme en comparaison de tout cela ; car elle a quarante mille kilomètres de tour, et tout son diamètre, depuis le lieu où nous sommes jusqu'à la partie absolument opposée à nos pieds, a environ treize mille kilomètres. Des montagnes de huit à neuf kilomètres ne sont rien auprès d'une si grande étendue. Elles ne sont pas plus grosses sur la Terre que les taupinières que nous voyons çà et là ne le sont sur la surface d'une plaine. La peau

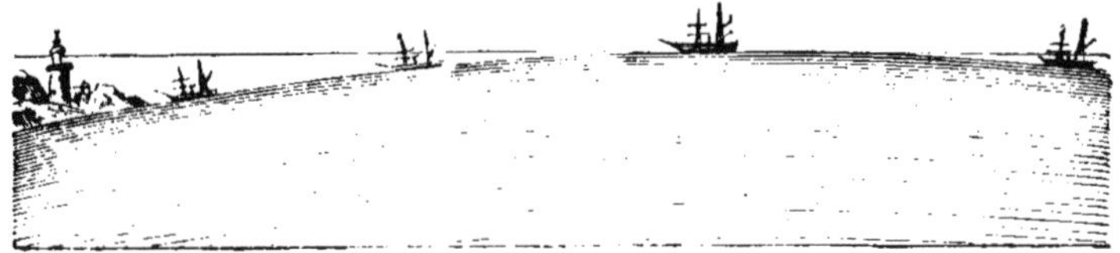

Courbure des mers.

d'une orange est parsemée de petites inégalités, et cependant on dit que ce fruit est rond. Les hauteurs et les précipices qui se rencontrent sur la Terre ne l'empêchent pas davantage d'être ronde.

8e leçon.

La Terre est ronde.

L'*horizon* est un cercle qui borne notre vue tout autour de nous en rase campagne, et il prouve la forme arrondie de la Terre.

Les montagnes n'empêchent pas la Terre d'être ronde parce qu'elles sont très-peu de chose en comparaison de la grosseur de la Terre, qui a 40 000 kilomètres de tour.

MOUVEMENT DE LA TERRE, AXE, POLES, ÉQUATEUR, HÉMISPHÈRES.

Suite de la 8e leçon.

La Terre tourne sur elle-même [1].

L'*axe* est la ligne imaginaire sur laquelle elle tourne.

Elle fait un tour entier sur elle-même en 24

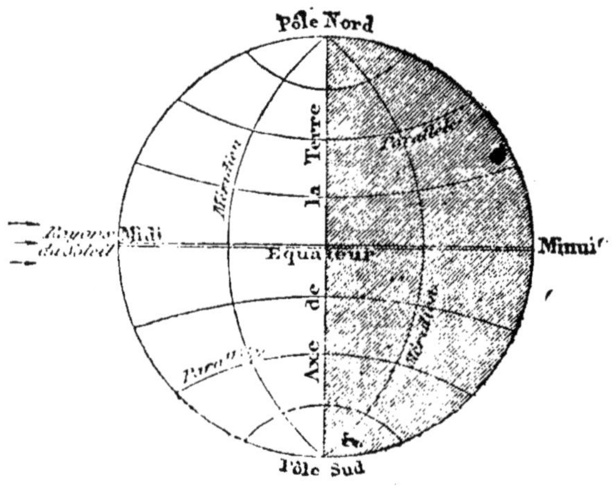

Axe, pôles, équateur.

heures, c'est-à-dire, en un jour, divisé en deux parties : le jour proprement dit et la nuit.

Les extrémités de l'axe de la Terre sont les *pôles*. L'un est le pôle nord ou arctique, c'est-à-dire de l'Ourse, parce qu'il est placé vis-à-vis de la constellation (groupe d'étoiles) de la Petite Ourse, et plus particulièrement dans la direction

1. On le montrera au moyen d'un globe terrestre artificiel.

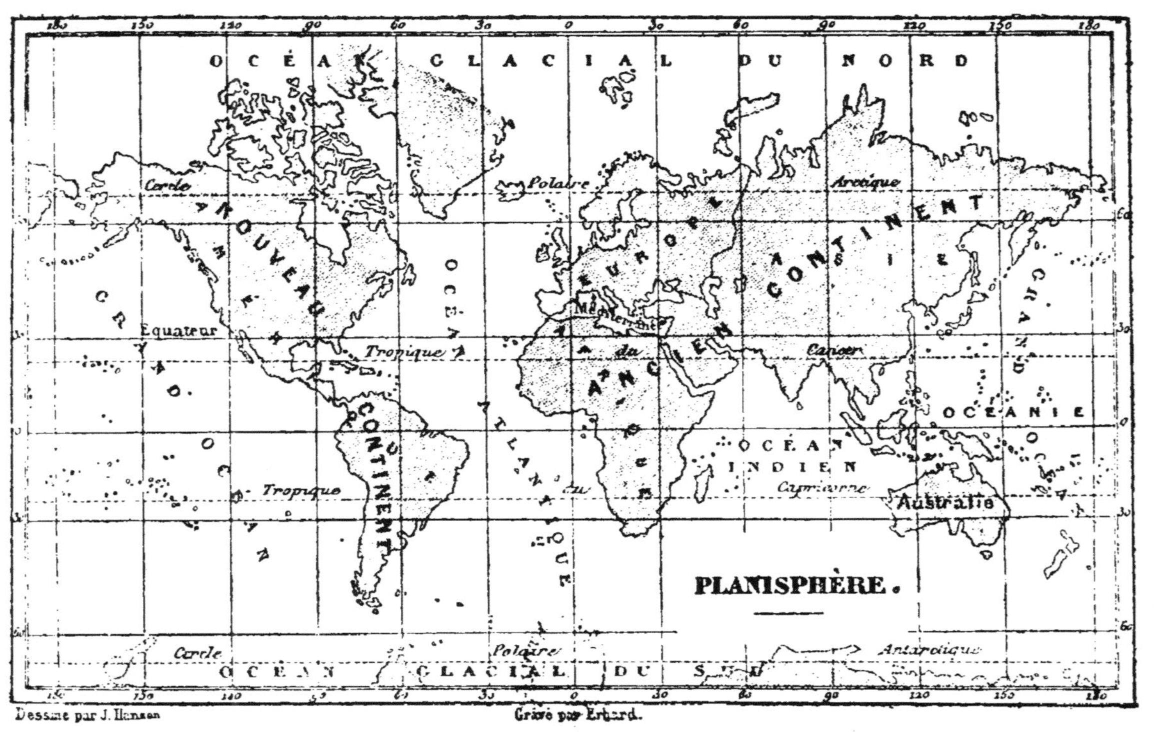
PLANISPHÈRE.
OCÉAN GLACIAL DU NORD
OCÉAN GLACIAL DU SUD
NOUVEAU CONTINENT
AMÉRIQUE
ANCIEN CONTINENT
EUROPE
ASIE
AFRIQUE
OCÉANIE
Australie
GRAND OCÉAN
OCÉAN ATLANTIQUE
OCÉAN INDIEN
Méditerranée
Cercle Polaire Arctique
Tropique du Cancer
Equateur
Tropique du Capricorne
Cercle Polaire Antarctique
Dessiné par J. Hansen
Gravé par Erhard.

de l'étoile Polaire. L'autre est le pôle sud ou antarctique.

L'*équateur* ou *ligne équinoxiale* est un grand cercle qui se trouve à égale distance de chaque pôle et divise la Terre en deux parties égales.

Chacune de ces deux parties égales ou demi-boules s'appelle *hémisphère* : l'une est l'hémi-

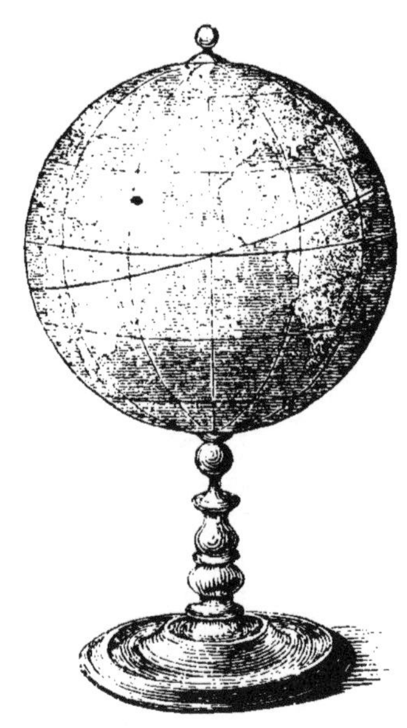

Globe terrestre.

sphère boréal (ou du nord), l'autre l'hémisphère austral (ou du sud).

L'équateur est dans la partie la plus chaude de la Terre, car le Soleil y darde directement ses rayons. A mesure que l'on s'éloigne de cette région, et qu'on s'avance vers le pôle nord ou vers le pôle sud, il fait de plus en plus froid.

GLOBES, CARTES.

9e leçon.

Un *globe artificiel* est une boule en bois, en carton, en plâtre, ou en toute autre matière, qui représente le globe terrestre et sur laquelle sont tracées les différentes parties de la Terre.

Les *cartes* représentent aussi la Terre, mais sur une surface plane.

La *mappemonde* est une carte qui montre la

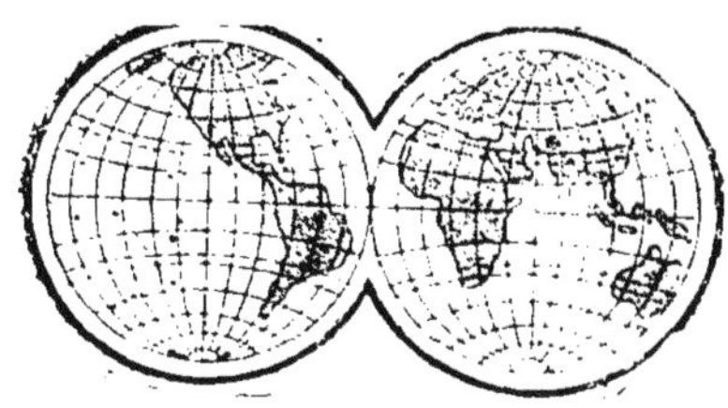

Mappemonde.

Terre divisée en deux hémisphères, parce qu'il serait impossible de voir sur une surface plate le globe tout entier, tel qu'il est naturellement.

Un *planisphère* est une carte qui représente la Terre sans en rappeler la forme arrondie. La surface terrestre y est supposée plate. (V. p. 5 .)

On oriente ordinairement les cartes de manière à mettre le nord en haut, le sud en bas, l'est à droite et l'ouest à gauche.

VIII

LES CINQ PARTIES DU MONDE. — LES OCÉANS. — PRINCIPALES MONTAGNES. — FLEUVES ET LACS DU GLOBE.

10e leçon.

Il y a cinq parties du monde :

L'*Europe* est dans le nord-ouest du plus grand

continent (appelé l'Ancien continent) ; elle comprend la France, la Suisse, la Belgique, les Pays-bas, l'Allemagne, l'Autriche-Hongrie, la Russie, l'Italie, l'Espagne, la Grande-Bretagne (où se trouve l'Angleterre), la Scandinavie, le Danemark, la Turquie d'Europe, la Grèce, etc.

L'*Asie* occupe l'est de ce continent : elle renferme la Chine, l'Inde, la Perse, la Turquie d'Asie, l'Arabie, la Sibérie, les îles du Japon, etc.

L'*Afrique* dans le sud du même continent, comprend : l'Égypte, l'Abyssinie, la Barbarie, le Sahara, la Guinée, etc. La grande île de Madagascar est à côté.

L'*Amérique* forme à elle seule un continent (le Nouveau) et s'allonge beaucoup du nord au sud. Elle est divisée en deux masses distinctes : 1° l'*Amérique du Nord*, où se trouvent les États-Unis, le Mexique, et à côté de laquelle sont les importantes îles du Groenland et des Antilles ; 2° l'*Amérique du Sud*, renfermant le Brésil, la Colombie, le Pérou, etc.

L'*Océanie* est formée du continent de l'*Australie* et d'un grand nombre d'îles (Bornéo, Sumatra, Java, la Nouvelle-Guinée, la Nouvelle-Zélande, etc.).

Le *Grand océan* ou *océan Pacifique* entoure presque toutes les terres de l'Océanie, et s'étend entre l'Asie et l'Amérique.

L'*océan Atlantique* est entre l'Europe et l'Afrique, d'un côté, et l'Amérique, de l'autre.

L'*océan Indien* est au sud de l'Asie.

L'*océan Glacial arctique* entoure le pôle nord,

et l'*océan Glacial antarctique* entoure le pôle sud.

La *Méditerranée* est une mer qui s'enfonce entre l'Europe, l'Afrique et l'Asie.

La mer *Caspienne* est le plus vaste de tous les lacs.

11e leçon.

Chacun des deux grands continents est partagé en deux pentes principales ou deux *versants.*

L'Ancien continent verse ses eaux, d'un côté, dans l'océan Glacial arctique et l'océan Atlantique, et dans les mers qui en dépendent ; de l'autre, dans le Grand océan et l'océan Indien.

Ces deux versants sont séparés l'un de l'autre par une longue arête ou *ligne de partage*, qui commence au cap *Oriental*, à l'extrémité N. E de l'Asie, et finit au cap de *Bonne-Espérance*, à l'extremité méridionale de l'Afrique.

L'*arête principale* de l'Ancien cont inent passe par le grand *plateau central de l'Asie*, autour duquel sont les monts *Altaï*, les monts *Célestes*, etc. Elle passe ensuite par le *Caucase indien*, par l'isthme de Suez, et parcourt enfin l'Afrique.

Le Nouveau continent verse ses eaux, d'un côté, dans le Grand océan, et, de l'autre, dans l'océan Atlantique et l'océan Glacial arctique. Ses deux versants sont séparés l'un de l'autre par une longue arête, qui commence au cap *Occidental*, et se termine au cap *Froward.* Cette arête porte, dans une partie de l'Amérique du Nord, le nom de monts *Rocheux ;* — dans l'Amérique du Sud, celui de *Cordillère des Andes.*

Ces deux grandes arêtes de l'Ancien et du Nouveau continent sont presque la continuation l'une de l'autre : car elles ne sont séparées que par le détroit de Beering, entre les caps Oriental et Occidental ; il y a donc, pour ainsi dire, sur la Terre un long dos qui s'étend depuis le cap de Bonne-Espérance jusqu'au cap Froward.

En dehors de cette grande arête principale de la Terre, il faut remarquer, en Asie, les monts *Himalaya*, qui sont les plus hauts du globe ; — sur la frontière de l'Europe et de l'Asie, le mont *Caucase* et les monts *Ourals;* en Europe, les *Alpes* et les *Pyrénées ;* — en Afrique, le mont *Atlas*.

12e leçon.

FLEUVES DE L'ANCIEN CONTINENT. — Les principaux fleuves qui coulent sur le versant de l'océan Glacial arctique, de l'océan Atlantique et des mers qu'ils forment, sont : la *Léna*, l'*Iéniseï* et l'*Obi*, en Asie ; — le *Rhin*, la *Seine*, la *Loire*, le *Tage*, le *Rhône*, le *Danube*, le *Dniepr*, le *Don*, en Europe ; — le *Nil* (le plus long fleuve de l'Ancien continent), le *Sénégal*, le *Niger*, en Afrique.

On peut encore placer sur le même versant le *Volga*, qui se jette dans la mer Caspienne.

Sur le versant du Grand océan et de l'océan Indien, on remarque, en Asie, l'*Amour*, le fleuve *Jaune*, le fleuve *Bleu*, le *Gange*, l'*Indus*, le *Tigre* et l'*Euphrate;* — en Afrique, le *Zambèze*.

FLEUVES DU NOUVEAU CONTINENT. — Sur le versant de l'océan Glacial et de l'océan Atlantique, on distingue : dans l'Amérique du Nord, le *Saint-Laurent*, le *Mississipi*, qui se grossit du *Missouri*; — dans l'Amérique du Sud, l'*Orénoque*, l'*Amazone*, le *Rio de la Plata*.

Sur le versant du Grand océan, le *Columbia*, dans l'Amérique du Nord.

Le plus long cours d'eau de l'Amérique et du globe entier est celui qui comprend le *Missouri* et la partie inférieure du *Mississipi* : il a 7000 kilomètres de longueur; l'*Amazone* a plus de largeur, et c'est le plus large de tous les fleuves, mais son cours n'est que de 5000 kilomètres.

Les principaux lacs du monde, après la mer *Caspienne*, située sur la limite de l'Europe et de l'Asie, sont : le lac (ou mer) d'*Aral* et le lac *Baïkal*, en Asie; les lacs *Tchad*, *Victoria* et *Albert*, en Afrique ; le lac *Ladoga*, en Europe; le lac *Supérieur*, en Amérique.

IX

DIVERSES RACES D'HOMMES.

13e leçon.

La population de toutes les parties de la Terre s'élève à environ 1 milliard 200 millions d'hommes, dont 300 millions en Europe, 700 millions en Asie, 100 millions peut-être en Afrique, 75 millions en Amérique, 35 millions en Océanie.

Il y a, dans l'espèce humaine, de grandes différences pour la couleur, les traits du visage, la forme de la tête, les cheveux, le langage, etc.

D'après les principales différences, on a distribué les hommes en trois grandes *races*.

Une des principales est la race *blanche*, appelée aussi *caucasique*, parce que les types les plus remarquables de cette race se trouvent au mont Caucase. Elle occupe l'O. de l'Ancien continent, c'est-à-dire l'Europe, la moitié occidentale de l'Asie et le N. de l'Afrique; elle a formé de grandes colonies en Amérique et dans l'Océanie.

Cette race se distingue par une couleur généralement blanche et rosée; la tête ovale, les yeux grands, le nez aquilin, la bouche peu fendue, les lèvres petites, les cheveux fins et souvent bouclés. C'est la seule chez laquelle on trouve des cheveux blonds et des yeux bleus. Elle est la plus civilisée.

La race *jaune* habite la moitié orientale de l'Asie et les régions les plus boréales de cette partie du monde. On la trouve aussi un peu dans le N. de l'Amérique et de l'Océanie. Elle a la peau généralement jaunâtre ou olivâtre, le visage large et plat, la tête grosse et ronde, la bouche grande et le nez écrasé; les yeux très-longs, mais étroits et relevés en dehors, les cheveux noirs, lisses, roides et peu fournis.

Cette race est nommée aussi *mongolique* ou *chinoise*, des nations des Mongols et des Chinois, qui en offrent les types principaux. Celles de ses populations qui habitent dans l'E. de l'Asie sont civilisées depuis fort longtemps; mais celles qui se trouvent dans les régions boréales sont encore sauvages.

La race *nègre* est répandue dans le milieu et dans le S. de l'Afrique. De plus, un grand nombre de nègres, achetés comme esclaves par les blancs, ont été transportés dans les colonies d'Amérique. Cette race a une couleur noire, le front aplati, les mâchoires avancées, les lèvres grosses, la bouche grande, les joues avancées, le nez large et épaté; les cheveux laineux, noirs et épais. Elle est généralement peu civilisée.

Il y a ensuite des races secondaires. Telle est la race *américaine* ou *rouge*, qui comprend les indigènes de l'Amérique. Elle a la peau d'un rouge de cuivre, les cheveux noirs et plats, la barbe peu fournie, le visage large. Elle est généralement encore sauvage. — La race *malaise*, de couleur olivâtre ou rougeâtre, est répandue dans l'ouest de l'Océanie et aux extrémités méridionales de l'Asie.

LA FRANCE.

X

BORNES, SITUATION, CHAINES DE MONTAGNES, COURS D'EAU, GRANDES DIVISIONS NATURELLES.

11e leçon.

La France se trouve dans l'ouest de l'Europe. Elle présente une forme à six côtés (ou une forme d'hexagone), et s'étend entre la *Méditerranée* et l'océan *Atlantique*. Elle est bornée par la Belgique, l'Allemagne, la Suisse, l'Italie et l'Espagne. L'océan Atlantique produit sur ses côtes la mer du *Nord*, le *Pas de Calais*, la *Manche*, la mer de *France* ou golfe de *Gascogne*. La mer Méditerranée y forme le golfe du *Lion*. A l'ouest, la France se termine par la presqu'île de *Bretagne;* au nord-ouest, par celle du *Cotentin*.

La France a une situation des plus avantageuses : elle est baignée par deux grandes mers, qui favorisent son commerce maritime dans une double direction, et elle est placée à une égale distance de l'équateur et du pôle arctique ; par conséquent, dans une région tempérée. Le climat y est d'autant plus modéré, que les vents qui y soufflent le plus ordinairement viennent de l'océan Atlantique; or, l'océan a une température plus douce et plus égale que celle de l'intérieur des terres.

Sur la limite de la France et de l'Italie, s'élèvent les hautes montagnes des *Alpes*, avec leur sommet culminant, le mont *Blanc*.

Les montagnes des *Pyrénées* sont sur les frontières de l'Espagne.

Vers celles de la Suisse, est le mont *Jura*.

Vers la limite de l'Allemagne, sont les *Vosges*.

Dans l'intérieur, se trouvent les *Ardennes*, au nord, la *Côte d'Or*, à l'est, les *Cévennes* et les montagnes d'*Auvergne*, vers le milieu.

Le nord est la partie la plus plate du pays. Le nord-ouest et l'ouest sont les parties les plus humides, les plus propres aux herbages et les plus riches en bétail. L'est et le sud sont les plus favorables aux vins ; le nord est le plus fertile en blé.

La France envoie ses eaux dans deux grandes directions. D'un côté est le versant de l'océan Atlantique ; de l'autre, le versant de la Méditerranée ; le premier se partage en trois autres : ceux de la mer du Nord, de la Manche et du golfe de Gascogne.

15e leçon.

Le *Rhin*, tributaire de la mer du Nord, coulait en-

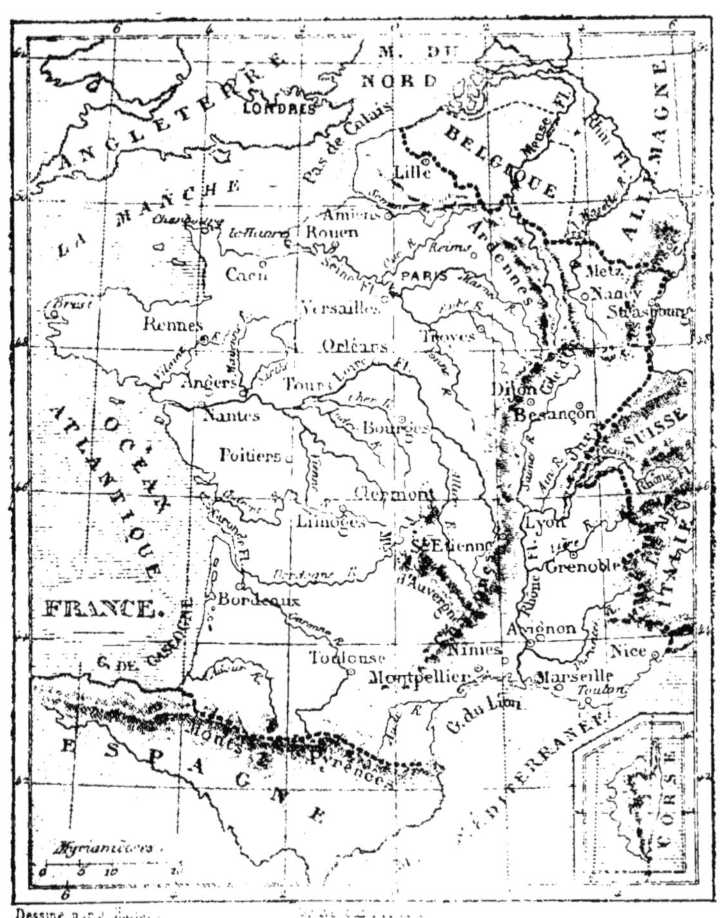

tre la France et l'Allemagne ; mais nous avons perdu cette limite par le funeste traité de 1871. Nous avons du moins conservé une partie de la *Moselle*, qui rejoint ce fleuve en Allemagne. — La *Meuse* et l'*Escaut* se rendent aussi dans la mer du Nord.

La *Seine*, dont le cours est très-sinueux, se jette dans la Manche, par une large embouchure, sur la côte nord-ouest de la France ; elle reçoit l'*Aube*, la *Marne* et l'*Oise* (grossie de l'*Aisne*), à droite ; — l'*Yonne* et l'*Eure*, à gauche.

La *Somme*, l'*Orne*, la *Vire* et la *Rance* se rendent encore dans la Manche.

La *Loire* et la *Garonne*, nommée *Gironde* dans son cours inférieur, sont les grands fleuves qui ont leur embouchure sur la côte occidentale. La Loire, la plus longue des deux, parcourt le cœur de la France, et reçoit, à droite, la *Maine* (appelée d'abord *Mayenne*), grossie de la *Sarthe ;* — à gauche, l'*Allier*, le *Cher*, l'*Indre*, la *Vienne.*

La *Garonne*, très-large après qu'elle a reçu la *Dordogne* et qu'elle a pris le nom de *Gironde*, se grossit de l'*Ariége*, du *Tarn*, du *Lot*, à droite, et du *Gers*, à gauche.

On remarque encore sur nos côtes occidentales la *Vilaine*, la *Charente* et l'*Adour*.

Le *Rhône*, au sud-est, se rend dans la Méditerranée. Ce fleuve, très-rapide, forme, sur la frontière de la France et de la Suisse, le grand et beau lac de *Genève.* Il se grossit, à droite, de l'*Ain*, de la *Saône*, qui a elle-même pour affluent le *Doubs ;* de l'*Ardèche* et du *Gard ;* — à gauche, il reçoit l'*Isère*, la *Drôme* et la *Durance.*

L'*Aude*, l'*Hérault* et le *Var* se jettent aussi dans la Méditerranée.

Le plus grand de tous nos fleuves est la Loire (1130 kilomètres). Le Rhône vient ensuite ; puis la Seine, et enfin la Garonne.

XI

LA CAPITALE ET LE VOISINAGE.

16e leçon.

La France est divisée en 86 départements : celui de la SEINE est le plus petit, mais le plus peuplé de tous, et le plus important, parce qu'il a pour chef-lieu PARIS, capitale de la France. (Voir la carte du département de la Seine, page 38.)

Ce département est entièrement entouré par celui de Seine-et-Oise. Il a une forme à peu près circulaire, et il est arrosé du sud-est au nord-ouest par la Seine, qui y décrit deux grandes courbures et embrasse deux presqu'îles : celle du bois de Boulogne et celle de Nanterre. Ce fleuve y reçoit, à droite, la Marne ; à gauche, la Bièvre. Les canaux Saint-Martin, de l'Ourcq, de Saint-Denis, parcourent le nord ; le canal souterrain de Saint-Maur, au sud-est, rachète une courbure de la Marne.

Il y a dans ce département près de deux millions et demi d'habitants. Les villes, les bourgs et les villages s'y pressent en grand nombre ; les routes, les avenues, les chemins de fer, les maisons de plaisance, s'y offrent de toutes parts. Le sol y est très-bien cultivé et surtout riche en fruits et en légumes. On y remarque les bois de Boulogne, à l'O., et de Vincennes, à l'E. Il y a de bonnes pierres calcaires de construction et de grandes carrières de plâtre.

17e leçon.

Paris (V. le plan, p. 39) est une ville de deux millions d'âmes. Ce n'est cependant que la seconde de l'Europe par la population, car Londres a plus d'habitants ; mais c'est la première du monde par le nombre, l'importance et la beauté des monuments, par la culture des lettres, des sciences et des arts. Elle a éprouvé d'affreux malheurs en 1870 et 1871 ; les Prussiens (peuple d'Allemagne) en ont fait un siége et un bombardement redoutables, puis l'insurrection de la Commune l'a accablée et a détruit plusieurs de ses plus beaux édifices.

Cette capitale a 33 kilomètres de circuit, et présente à peu près la forme d'un triangle allongé de l'E. à l'O. ; elle s'étend sur les deux rives de la Seine et sur deux îles de ce fleuve : l'île de la Cité (qui a été son berceau sous le nom de *Lutèce*), et l'île Saint-Louis. Son enceinte est marquée par des fortifications ; des forts détachés, à une certaine distance de cette enceinte, la protégent.

La Bièvre parcourt la ville au S. E. Le canal Saint-Martin, qui est une continuation de celui de l'Ourcq et du bassin de La Villette, traverse l'E.

Paris est coupé dans tous les sens par de grandes rues plantées d'arbres et désignées sous le nom de *boulevards*.

Les boulevards proprement dits sont sur l'emplacement des anciennes fortifications rasées sous Louis XIV ; ils décrivent dans la ville un vaste circuit, et sont divisés, par la Seine, en deux parties distinctes : les boulevards du nord (où sont ceux de la Madeleine, des Italiens, Montmartre, Poissonnière, etc.), et les boulevards du midi (des Invalides, Mont-Parnasse, etc.)

Parmi les boulevards plus récents, on remarque le grand boulevard de Sébastopol et de Strasbourg, dirigé du N. au S., le boulevard Saint-Michel, dirigé aussi du N. au S.; les boulevards Voltaire, Magenta et Malesherbes, du S. E. au N. O.; le boulevard Haussmann et le boulevard Saint-Germain, de l'E. à l'O.

Parmi les autres parties ornées d'arbres, il faut citer les Champs-Élysées, traversés par une avenue qui forme l'abord le plus magnifique de Paris; — les jardins des Tuileries, du Luxembourg, des Plantes; — les parcs de Monceaux et des Buttes-Chaumont, places fermées les *squares*, formant jardins.

Beaucoup de rues sont remarquables par leur largeur, la magnificence de leurs constructions : on admire particulièrement les rues de Rivoli, de Castiglione, de la Paix, Royale, etc.

Les plus belles places sont celles de la Concorde, du Carrousel, Vendôme, des Vosges, Saint-Sulpice, de l'Étoile, du Château-d'Eau, du Trône, l'Esplanade des Invalides, le Champ de Mars.

Parmi les principaux édifices de Paris, dans la partie placée à droite de la Seine, on remarque d'abord le palais des Tuileries (incendié en 1871), à l'O. duquel se déploie un magnifique jardin; — le palais du Louvre, avec de célèbres musées de peinture, de sculpture, d'antiquités; — le Palais-Royal; — la Bourse; — le palais de l'Élysée; — le palais de l'Industrie; — l'hôtel de ville (incendié en 1871). — La colonne de la place Vendôme érigée sous Napoléon Ier, et retraçant les actions mémorables de ses armées, a été renversée en mai 1871, mais rétablie depuis. — La colonne de Juillet, sur la place de la Bastille, a été construite en mémoire de la révolution de 1830. — La tour Saint-Jacques est un beau monument gothique. — L'arc de triomphe de l'Etoile a été élevé en mémoire des victoires du premier empire. — Les portes Saint-Denis et Saint-Martin sont des arcs de triomphe qui rappellent les campagnes de Louis XIV.

Les plus belles églises de la même partie de la ville sont Saint-Eustache, Saint-Roch, Saint-Germain l'Auxerrois, la Madeleine.

L'Opéra, très-vaste et très-beau théâtre, se trouve aussi dans cette division. — On y remarque encore le Conservatoire de musique, celui des arts et métiers, la bibliothèque Nationale, la bibliothèque de l'Arsenal, les Archives, l'école Central[illegible]es Arts et Manufactures, l'imprimerie Nationale, la Banque de France, l'hôpital Saint-Louis, l'hôpital Lariboisière et l'hospice des Quinze-Vingts.

Dans la partie occidentale de la Cité, s'élèvent le Palais de Justice (incendié en 1871) et la Sainte-Chapelle. En face, est le Tribunal de commerce. — L'extrémité orientale de l'île supporte la vaste cathédrale de Notre-Dame, un des plus beaux monuments gothiques. — L'hôtel-Dieu se trouve aussi dans la Cité.

Dans la partie située à la gauche de la Seine, on distingue le palais du Luxembourg, où siége la préfecture du département, et qui est accompagné d'un superbe jardin. — Le palais Bourbon offre sur la Seine une belle façade, qui répond à celle de la Madeleine. — Le palais de l'Institut se présente aussi sur le bord de la Seine. — Le Panthéon (ou église Sainte Geneviève) se trouve au sommet de la colline Sainte-Geneviève. — L'hôtel des Invalides, construit sous Louis XIV.

est couronné par un superbe dôme. — L'École-Militaire est aussi un bel édifice.

On remarque encore, dans le S. de Paris, l'église Saint-Germain des Prés, qui passe pour la plus ancienne de la ville; — Saint-Sulpice; Sainte-Clotilde; Saint-Étienne du Mont; — l'hôpital militaire du Val-de-Grâce; — l'hospice de la Salpêtrière, pour les femmes; — la Sorbonne et le collége de France, où de savants professeurs font des cours publics; — l'école de Médecine; — l'école de Droit; — l'école Normale; — l'école des Mines; — la bibliothèque Sainte-Geneviève; — le Musée de Cluny, avec l'antique palais des Thermes; — l'Observatoire; — l'école Polytechnique; — l'école des Beaux-Arts; — le Muséum d'histoire naturelle, avec le jardin des Plantes, — la manufacture de tapisseries des Gobelins.

Au-dessous d'une grande partie des quartiers situés à gauche de la Seine, s'étendent de profondes *catacombes*, formées de carrières abandonnées, et où l'on a transporté les ossements des anciens cimetières de Paris. — Les cimetières actuels sont au nombre de trois : celui de l'Est ou du Père-Lachaise; celui du Nord ou de Montmartre; et celui du Sud ou du Mont-Parnasse.

La ville est partagée en vingt arrondissements, dont les numéros commencent au centre et vont en tournant du côté de l'est, puis au sud, à l'ouest, au nord, de sorte que les derniers sont vers les fortifications (voir le plan).

Les anciens villages, bourgs ou villes de la banlieue qui se trouvaient entre l'ancien mur d'octroi et les fortifications, et qui ont été annexés à Paris en 1860, sont : à droite de la Seine, *Bercy*, une partie de *Saint-Mandé*, *Charonne*, *Ménilmontant*, *Belleville*, *La Villette*, *La Chapelle*, *Montmartre*, *Les Batignolles-Monceaux*, *Les Ternes*, *Passy*, *Auteuil*; — à gauche, *Grenelle*, *Vaugirard*, le *Petit-Montrouge*, une partie de *Gentilly* et d'*Ivry*.

18e leçon.

Le département de la Seine a deux sous-préfectures : au N., est *Saint-Denis*, ville fortifiée, de 32 000 habitants, célèbre par son ancienne abbaye et par sa belle église, qui renferme les tombeaux des rois de France; elle possède aussi une importante maison d'éducation pour les filles des membres de la Légion d'honneur; elle fut bombardée par les Prussiens en 1871 ; il y a de grandes usines à fer et à cuivre. — Au S., se trouve *Sceaux*, petite ville, dans une jolie situation.

Les autres principaux lieux du département sont : à l'E., *Saint-Mandé; Vincennes*, avec le beau bois du même nom, un château fort, un hôpital militaire, une ferme nationale, un asile pour les ouvriers convalescents ; — *Montreuil-sous-Bois*, connu par ses excellentes pêches; —*Fontenay-sous-Bois*, *Nogent-sur-Marne*, *Saint-Maur*; — *Rosny* et *Villemonble*, au pied du plateau d'Avron, devenu fameux dans la guerre de 1870-1871.

Au N. E., *Romainville*, *Pantin*, *Bondy*, près d'une forêt du même nom ; *Le Bourget*, qui a été pris et repris pendant la guerre de 1870-1871.

Au N., *Aubervilliers*.

Au N. O., *Neuilly-sur-Seine*, *Levallois-Perret; Clichy-la-Garenne*, avec une verrerie et une cristallerie importantes, et des fabriques de produits chimiques; *Anières*, *Courbevoie*, *Puteaux*, sur la Seine; *Surênes*, aussi sur la Seine et au pied du mont Valérien, que couronne une importante forteresse; *Nanterre*, patrie de sainte Geneviève et siége d'une grande fabrique d'aluminium.

A l'O., *Boulogne-sur-Seine*, qui donne son nom à un beau bois, où se trouve le Jardin Zoologique d'acclimatation.

Au S. O., *Issy*, *Vanves*, *Montrouge*, *Bagneux*, *Clamart*, avec des carrières de pierres de construction; *Fontenay-aux-Roses*, joli village, qui fait un grand commerce de roses et de fraises; le *Plessis-Piquet* et *Châtenay*, dans des sites agréables.

Au S., *Arcueil*, qui donne son nom à un aqueduc; *Gentilly*, avec le vieux château de *Bicêtre*, servant aujourd'hui d'hospice; *Bourg-la-Reine*.

Au S. E., *Ivry-sur-Seine*; *Vitry-sur-Seine*, remarquable par ses pépinières; *Choisy-le-Roi*, aussi sur la Seine, avec une grande fabrique de maroquins; — *Charenton*, sur la Marne vers son confluent avec la Seine, avec une célèbre maison d'aliénés; — *Alfort*, qui possède une école vétérinaire.

10e leçon.

Le département de SEINE-ET-OISE entoure partout celui de la Seine. Il a pour principaux produits les grains, les fruits, les légumes, les vins, et il possède de grandes forêts.

Le chef-lieu est VERSAILLES, belle ville de 62 000 habitants, qui n'est baignée par aucune rivière, et l'on y fait venir à grands frais l'eau nécessaire. Louis XIV y a élevé un superbe château, où l'on a établi un musée historique, et devant lequel s'étendent des jardins magnifiques. Cette ville est devenue le siége de l'Assemblée nationale et du gouvernement de la France en 1871.

Dans le voisinage de Paris, ce département renferme, sur la Seine ou très-près de la Seine : *Meudon*, qui avait un château remarquable, détruit par la guerre de 1870 ; — *Bellevue*, très-près de Meudon ; — *Sèvres*, célèbre par sa manufacture de porcelaine ; — *Saint-Cloud*, par son château, qui a été ruiné par la dernière guerre ; — *Argenteuil*, qui a de grandes cultures de figuiers et de vigne, et des carrières de plâtre et de terre à faïence ; — *Rueil*, dont dépendent le château de la Malmaison et celui de *Buzenval*, où un combat sanglant eut lieu en 1871 ; — *Marly*, avec une belle forêt et une machine et un aqueduc célèbres pour conduire les eaux à Versailles ; — *Saint-Germain-en-Laye*, ville de 23000 habit., à côté d'une grande forêt, et avec un vieux château où l'on a établi un musée archéologique ; vis-à-vis, sur la rive droite de la Seine, est le bois du *Vésinet*, où a été fondé un asile pour les ouvrières convalescentes.

On remarque ensuite, un peu loin du fleuve . à droite, *Montmorency*, qui a donné son nom à une belle forêt et à une famille illustre ; — *Enghien*, avec des eaux minérales et un joli lac. — A gauche, *Saint-Cyr*, célèbre par l'Ecole militaire.

XII

AUTRES VILLES DE FRANCE LES PLUS IMPORTANTES.

20e leçon.

On remarque encore dans le nord de la France,

les grandes villes suivantes : *Lille* et *Amiens*, qu'enrichissent leurs manufactures de toutes sortes de tissus ; — *Rouen*, sur la Seine, intéressante par l'industrie du coton, par ses anciens monuments et par son port ; — *Le Havre*, port fameux à l'embouchure du même fleuve ; — *Caen*, très-près de la Manche, au milieu des riches herbages de la Normandie ; — *Reims*, qui a d'antiques églises, et où l'on sacrait les rois de France ; — *Troyes*, sur la Seine, commerçante en toiles.

Dans l'est, on voit : *Nancy*, une des plus jolies villes de France ; — *Besançon*, place forte, centre d'une grande fabrication d'horlogerie ; — *Dijon*, au milieu des riches vignobles de la Bourgogne ; — *Lyon*, siége d'un grand commerce et célèbre par ses soieries, au confluent du Rhône et de la Saône ; — *Saint-Étienne*, remarquable par ses mines de houille et par l'industrie du fer et de la rubanerie ; — *Grenoble*, qui fabrique de la ganterie renommée. — (Les importantes villes de *Strasbourg*, de *Metz* et de *Mulhouse*, qui se trouvaient dans l'est de la France, sont à l'Allemagne depuis 1871.)

Vers le milieu, on distingue : *Orléans* et *Tours*, sur la Loire, au milieu d'un des plus agréables pays de la France ; — *Bourges*, un des grands centres de l'industrie du fer ; — *Clermont-Ferrand*, avec des fabriques de pâtes d'Auvergne ; — *Limoges*, avec des manufactures de porcelaine.

Dans l'ouest, on remarque : *Nantes*, port très-important, sur la Loire ; — *Angers*, avec de grandes carrières d'ardoises ; — *Le Mans* et *Rennes*, commerçantes en toiles et en bestiaux ; — *Brest*, avec un beau port, sur l'océan ; — *Poitiers*, ville ancienne.

Dans le sud, les villes principales sont : *Bordeaux*, qui a un port sur la Garonne et un immense commerce de vins ; — *Toulouse*, aussi sur la Garonne, centre d'une grande industrie des métaux et d'une brillante culture des lettres et des sciences — *Montpellier*, remarquable par son école de médecine et son commerce de vins et d'eaux-de-vie ; — *Nîmes*, intéressante par ses monuments antiques et l'industrie de la soie ; — *Avignon*, où règne la même industrie, sur le Rhône ; — *Marseille*, sur la Méditerranée, port le plus commerçant de la France ; — *Toulon*, port célèbre, sur la même mer ; — *Nice*, renommée par la douceur de son climat, aussi sur la Méditerranée.

De toutes ces villes, la plus peuplée après Paris est Lyon ; Marseille vient ensuite ; les sept autres plus grandes villes sont Bordeaux, Lille, Toulouse, Nantes, Saint-Étienne, Rouen et le Havre.

Les ports principaux de la France sont, en allant du nord au sud : *Dunkerque*, sur la mer du Nord ; — *Calais*, *Boulogne*, sur le Pas de Calais ; — *Dieppe*, *Le Havre*, *Rouen*, *Cherbourg*, *Saint-Malo*, vers la Manche ; — *Brest*, *Lorient*, *Saint-Nazaire*, *Nantes*, *Rochefort*, *Bordeaux*, *Bayonne*, vers l'océan Atlantique et la mer de France ; — *Cette*, *Marseille*, *Toulon*, *Nice*, sur la Méditerranée.

Au sud-est, dans la Méditerranée et près de l'Italie, la France possède la grande île de *Corse*.

12459. — Typographie Lahure, rue de Fleurus, 9, à Paris.

EXTRAIT DU CATALOGUE DE LA LIBRAIRIE HACHETTE ET Cie

OUVRAGES ADOPTÉS POUR LES ÉCOLES COMMUNALES DE LA VILLE DE PARIS

BARRAU : **Livre de morale pratique,** ou choix de préceptes et de beaux exemples. 1 vol. in-12 de près de 500 pages, avec gravures; cart. **1 fr. 50**

— **Choix gradué de 50 sortes d'écritures,** pour exercer à la lecture des manuscrits. Nouvelle édition refondue par M. Barrau. 4 cahiers composés chacun de 32 pages grand in-8°. Les 4 cahiers réunis, cart. **1 fr. 30**

CORTAMBERT : **Petite géographie,** rédigée conformément au programme des écoles de la ville de Paris (cours élémentaire). 9e édit. 1 vol. in-18, cart. **50 c.**

— **Nouvelle géographie,** rédigée conformément au programme des écoles de la ville de Paris (cours moyen). 1 vol. in-12, cart. **1 fr. 25**

— **Petit atlas élémentaire de géographie moderne,** à l'usage des écoles et es familles, composé de 22 cartes tirées en couleur. 1 vol. in-4°, broc. **90 c.**

DELAPALME : **Premier livre de l'enfance,** ou exercices de lecture et leçons de morale, à l'usage des très-jeunes enfants. 1 vol. in-18, imprimé en rès-gros caractères, cart. **60 c.**

— **Premier livre de l'adolescence,** ou exercices de lecture et leçons de morale. 1 vol. in-18, imprimé en caractères gradués avec 20 vig., cart. **60 c.**

DUCOUDRAY : **Premières leçons d'histoire de France,** à l'usage des écoles primaires, ouvrage rédigé conformément aux programmes de la ville de Paris. 1 vol. in-18. avec vignettes, cart. **60 c.**

— **Nouvelles leçons d'histoire de France.** 1 vol. in-18, avec vig., cart. **1 fr.**

HENRY GERVAIS, instituteur primaire à Paris : **Cartographie de l'enseignement,** méthode pour apprendre la géographie de la France à l'aide de nouvelles cartes muettes à écrire :

Cette méthode comprend 5 cartes pour les bassins physiques et 5 cartes pour les bassins politiques, plus une carte d'ensemble format grand raisin pour chaque sorte de bassin.

Prix de chaque carte : en noir, 6 cent. ; coloriée, 10 c. — Pour les cartes d'ensemble : en noir, 30 cent. ; coloriée, 35 cent.

— **Méthode de lecture,** comprenant :

1° Un Tableau monté sur toile, avec gorge et rouleau. **10 fr.**
2° Un Livret in-16, cart. **50 c.**
3° Syllabateur avec cartons et planches. **11 fr.**

LEBRUN (Th.), ancien inspecteur des écoles primaires de la Seine : **Livre de lecture courante,** en quatre parties. Nouv. édit. avec de nombreuses gravures dans le texte. 4 vol. in-18, cart. **4 fr. 40**

Chaque volume se vend séparément et contient une lecture pour chacun des jours de classe du trimestre. **1 fr. 10**

MEISSAS ET MICHELOT : **Cartes murales écrites :**

Europe écrite, 16 feuilles. **9 fr.**
France écrite, 16 feuilles. **9 fr.**
Mappemonde écrite, 20 feuilles. **12 fr.**

RITT, ancien inspecteur général de l'instruction primaire : **Nouvelle arithmétique des écoles primaires,** contenant environ 1200 Exercices et Problèmes ; 1 vol. in-12, cart. **1 fr. 50**

— **Réponses et solutions raisonnées.** 1 volume in-12, broché. **1 fr. 50**

TARNIER, inspecteur primaire à Paris : **Nouvelle arithmétique théorique et pratique,** comprenant un choix de problèmes gradués, avec les solutions ; 6e édit. 1 vol. in-12, cart. **2 fr.**

— **Petite arithmétique des écoles primaires.** Septième édition. 1 volume in-18, cart. **75 c.**

WALLON, membre de l'Institut : **Abrégé de l'histoire sainte** (Ancien et Nouveau Testament). 1 vol. in-18, cart. **75 c.**

— **Petite histoire sainte,** extraite de la précédente, avec questionnaires. 1 vol. in-18, cart. **50 c.**

Appareil Level pour le système métrique. **30 fr.**

Compendium métrique. **30 fr.**

Typographie Lahure, rue de Fleurus, 9, à Paris.

www.ingramcontent.com/pod-product-compliance
Ingram Content Group UK Ltd.
Pitfield, Milton Keynes, MK11 3LW, UK
UKHW022124260726
13993UKWH00003B/1215